JE SUIS MORT HIER

TIC, le temps passe…
TAC, le temps est passé.

Patrick JAULENT

Sans la contribution de mon comité de lecture, ce livre n'aurait pas eu la même saveur.

Pour **Annick Giroudon**, « Je Suis Mort Hier » est son « bébé ». En effet, elle participa en tant que bêta lectrice pour le compte de l'éditeur de la première édition. Depuis 2015, elle ne cessa jamais de soutenir ce livre en relisant maintes fois cette nouvelle édition.

Pour **Sandrine Barrière**, aide-soignante en EHPAD, ce livre fut une révélation, une aide précieuse lorsqu'elle devait recevoir la famille d'un résident et leur annoncer son départ pour le grand voyage.

Pour **Myriam Libé**, championne de Taekwondo, le livre est le reflet de sa vision de la vie et de la mort en accord avec les valeurs des arts martiaux. Ses multiples lectures du livre ont permis d'apporter de la rigueur au propos tout en améliorant la fluidité du texte.

Pour **Claudine Evrard**, fidèle parmi les fidèles, toujours prête à promouvoir mes livres, à se battre contre des chapelles imprenables.

Pour **Dominique Romain**, cette histoire, n'est pas sans lui rappeler le départ de sa sœur. Je lui dois certains passages émouvants de cette histoire.

Pour **Jacky Cassou**, véritable encyclopédie, et auteure de la 4e de couverture du livre, ce fut un réel plaisir d'échanger avec elle sur certains passages, comme ceux liés à « l'Univers ».

C'est vrai, ce livre n'aurait pas eu la même saveur sans vous.

Patrick Jaulent

« [...] Si tu vis chaque jour comme si c'était le dernier, un jour tu auras sûrement raison ».

« Cette citation m'avait impressioné et depuis, les trente-trois dernières années, chaque matin devant le miroir, cette phrase revenait comme un leitmotiv.

Si aujourd'hui était l'ultime journée de ma vie, est-ce que j'aurais envie de faire ce que je m'apprête à réaliser dans le temps présent ? Et si la réponse était Non plusieurs jours de suite, je saurais que je dois changer quelque chose. Garder en mémoire que je serai bientôt mort ou que la mort rôde est la notion qui m'a aidé à prendre les grandes décisions de ma vie. Parce que presque tout, tous les espoirs, toutes les fiertés, toutes les peurs d'embarras ou d'échecs laissent la trace des choses qui sont réellement importantes. Se souvenir que vous allez partir est le meilleur moyen que je connaisse pour éviter le piège de penser que vous avez quelque chose à perdre. Vous êtes déjà nu. Il n'y a aucune raison pour ne pas suivre votre cœur ».

Steve Jobs, extrait du discours à l'Université de Stanford,

12 juin 2005.

1.

Voici la fin de mon chemin sur terre.

Je suis à toi, accueille-moi mon père.

Michel Delpech

Il est presque 22 h 30 lorsque John John franchit le Hall de l'UCSF Medical Center de San Francisco. D'un pas alerte, il se dirige vers la réception où une hôtesse d'accueil est assise.

— Bonsoir Madame ! Ma sœur, Caroline Galveston est hospitalisée chambre 66 au 1er étage et je souhaiterais pouvoir rester à son chevet cette nuit.

—Les visites ne sont plus autorisées lui répond-elle sèchement sans même lever les yeux.

— S'il vous plaît, pourriez-vous avoir l'obligeance d'appeler le médecin de garde, je suis moi-même chirurgien réplique-il, avec une légère irritation qu'il tente de contenir.

L'hôtesse lui accorde enfin la faveur de le regarder, lui sourit à peine et continue de feuilleter la revue Star-Systems où sont révélées les dernières nouvelles et la vie secrète des stars internationales.

Il l'observe avec agacement s'attarder sur une rubrique relatant les déboires amoureux de Paris Hilton, riche héritière peroxydée et incarnation absolue de la jeunesse dorée. Après quelques minutes d'une interminable attente, il l'interpelle d'un ton exaspéré.

— Comme je vous l'ai demandé, avez-vous prévenu le médecin de garde ?

L'hôtesse boudinée comme un saucisson dans sa blouse, irritée, soupire, tout en tournant négligemment les pages du magazine jusqu'à un article qui commente le dernier régime à la mode qu'elle parcourt avec grand intérêt. Les yeux rivés sur les prometteuses photos, elle daigne enfin lui répondre.

— Je n'ai pas bien compris votre nom.

—Docteur John John Carlson lui répète-t-il en la dévisageant d'un air dédaigneux en s'attardant sur sa chevelure fournie et mal peignée.

— J'ai appelé le service et l'infirmière doit arriver d'un instant à l'autre.

La voici d'ailleurs ajoute-t-elle accoudée au comptoir, son menton couvert de poils drus et disgracieux tenu nonchalamment par sa main gauche, ne lâchant pas des yeux, l'anatomie en « Z » comme Zorro, d'Antonio Banderas en maillot de bain sur une plage de Malibu.

Elle prend le soin d'arracher la feuille, la plie puis l'enfouit au fond de la poche droite de sa blouse laissée négligemment ouverte.

Elle doit vraiment passer ses journées à fantasmer pour en arriver à piquer les photos. Je parie même qu'elle en tapisse les murs de sa chambre.

Le bruit des sandales se rapprochant John John se retourne et aperçoit une grande femme métisse, au visage agréable et souriant.

Après une discussion courtoise des plus joviale, John John est autorisé à rester auprès de sa sœur transférée dans une unité de soins palliatifs.

Il se demande pourquoi cette infirmière le regarde avec une telle compassion. Elle doit pourtant avoir l'habitude avec tous les malades qu'elle côtoie chaque nuit.

— Nous avons placé votre sœur dans un coma artificiel, car la morphine qu'on lui administre à fortes doses l'empêche de conserver les réflexes normaux de respiration. De plus, son organisme s'est tellement accoutumé à ce type de produit que la surconsommation peut lui provoquer des crises paranoïaques. Nous connaissons parfaitement le cas de votre sœur, car nous la suivons depuis tant d'années que nous comptions vous en faire part lors de votre prochaine visite. Je vous laisse le soin d'enfiler couvre-chaussures et bonnet, mais vous maîtrisez déjà le protocole.

— Je suis médecin et j'ai fait l'expérience des innombrables problèmes dus à la dépendance qu'induit cet alcaloïde d'opium.

Avez-vous pratiqué une hydratation sous-cutanée ?

— Oui pour éviter la douleur. Nacl 0,9% et Sérum glucosé 5% + 2 à 4 g/l de Nacl pour favoriser la diffusion.

— Parfait !

—Je vous souhaite la bienvenue dans mon havre de joies et de pleurs, docteur. J'ai terminé mes études d'infirmière il y a six mois. C'est un service que j'ai intégré parce que cela me tenait particulièrement à cœur, ça demande de la présence et de la rigueur. Le monde hospitalier me plaît beaucoup.

— Toutes mes plus vives félicitations pour votre dévouement.

— Vous savez docteur, j'ai beaucoup d'admiration pour votre sœur. Elle fait preuve d'un courage exemplaire, elle est d'une dignité incroyable et ne se plaint jamais.

Il esquisse un léger sourire et la remercie. Bien qu'habitué à ce type de spectacle il a le cœur triste et serré en pénétrant dans une pièce lugubre où Caroline immobile semble dormir paisiblement au milieu d'une kyrielle de machines, de tuyaux et de seringues. La lumière est blafarde. Ce n'est pas une chambre, mais un laboratoire expérimental, songe-t-il.

— Je vous laisse Monsieur Carlson, pardon Docteur. Mon temps est entièrement consacré à mes patients, rythmé par le Tic-Tac de ma montre : le pouls, la fréquence respiratoire, le nombre de gouttes par minute, le temps du réveil, le temps de cicatrisation, le temps du rétablissement, le temps de la surveillance des éventuels effets secondaires ou complications thérapeutiques, le temps de prendre du recul par rapport à la maladie et la mort, le temps dédié aux personnes seules, le temps d'avoir le cœur gros, les larmes aux yeux à pleurer seule cachée dans les douches, éreintée par ma journée ou ma nuit de garde. Ce *Tic-Tac* cadence ma vie et celle de mes hospitalisés. Mais, je ne vous apprends rien docteur.

John John la regarde intrigué. Aurait-elle un problème avec sa tocante ?

Il s'assied sur le bord du lit de Caroline, l'observe de longues minutes avec attendrissement et amour, scrutant le moindre petit souffle de vie, le plus infime geste ou battement de paupières. Face à sa dégradation physique, il sait que son espoir est vain. La mort à laquelle il avait souvent pensé depuis l'annonce de l'évolution de sa maladie, dont il avait repoussé l'échéance était maintenant une réalité incontournable. Pourquoi elle ? Sa sœur est en apnée du sommeil, seule une respiration irrégulière et difficile vient rompre le silence qui les sépare.

Ses mains sont froides et ses ongles pâles et bleutés.

Du bout de son index, tout en replaçant une mèche de ses longs cheveux ondulés sur l'oreiller, les yeux mouillés et la gorge serrée, il commence à lui parler.

Elle ne doit guère peser plus de 40 kg se dit-il en regardant son pauvre corps.

— Tu dors sœurette alors que tout le monde danse au mariage de ta petite Julie ? Je t'avais pourtant mise en garde contre le champagne français.

— Re..tire la per..fusion et dé..branche moi, il vient me chercher…

Avec un douloureux sentiment d'impuissance, il observe sa sœur, en proie aux effets du produit administré à forte dose. Ses mains accrochées à celle de Caroline et son regard fixe posé sur son visage, les images du passé, ultimes et précieux instants de bonheur arrachés à la vie, se mêlent les unes aux autres. Celles de la chambre se superposent à l'histoire de la saga familiale, où un jour, il y a bien longtemps, tout a commencé…

2.

Au début de l'histoire, il ne pense qu'à sourire et ridiculiser la voix qui lui parle...

Le soleil se lève sur Beverly Hills, l'un des quartiers chics parmi les plus prisés de Los Angeles (L.A), précisément sur Sunset boulevard où réside les Carlson. Comme chaque matin, les membres du clan, tellement focalisés sur leurs objectifs respectifs ne se parlent guère. Bonjour ! Bien dormi ! Et toi ! Oui ! Bof ! sont les brefs échanges et banalités d'usage.

John, le père de famille, est un bel homme de cinquante ans, au regard ravageur qui en impose par son charisme et sa chevelure grisonnante. Mais ce qui le rend encore plus séduisant c'est son sourire charmeur. Spécialiste en chirurgie plastique et esthétique, il attire les personnalités du monde entier, avec à la clef des millions de dollars. C'est un véritable icône auprès de toutes les actrices obsédées par la rhinoplastie, le lifting des seins, la liposuccion sans oublier le botox, l'acide hyaluronique pour atténuer les méfaits du temps qui se sont progressivement installés sur leurs visages.

Réputé comme chirurgien hors pair, ses semaines sont particulièrement chargées et malgré un planning bien rempli, il trouve du temps libre pour s'amuser au golf, séduire, charmer. C'est un joueur invétéré à tout point de vue. Pourvu d'une libido insatiable, conquérir le cœur des nanas est un de ses passe-temps favoris dans lequel il excelle, collectionner les aventures est crucial pour son développement personnel. Il y consacre d'ailleurs une majeure partie de son repos. C'est un consommateur boulimique et les femmes sont en tête de gondole avec une date de péremption dépassant rarement la nuit. Il aime le « prêt-à-emporter » et peut virer goujat, tendance misogyne agressif, s'il est éconduit. Il se pense irrésistible et baratine avec plus ou moins de finesse, de « Je sens comme une évidence entre nous », cinq minutes après vous avoir offert « un drink », à « c'est vous que j'attendais ». Il est ostentatoire, collectionne les cartes bancaires Gold-Platinum-Prestige et aime les miroirs dans la chambre pour mirer sa « mâlitude » en action. À combien de Vénus blondes aux mensurations de bimbos, de starlettes en tout genre a- t-il fait croire qu'elles étaient les seules à ses yeux, il ne les compte plus. Pauvres femmes naïves.

Le Docteur Carlson est une figure renommée de la chirurgie esthétique et plastique de Los Angeles.

Il a fondé sa propre clinique, formé de nombreux chirurgiens en contribuant à la notoriété de la médecine esthétique devenue si présente dans la vie des personnalités de plus en plus exigeantes.

Le nombre d'interventions est en perpétuelle augmentation, car comme à l'époque de la Grèce Antique, tout ce qui est beau est bon et vice versa. L'attirance pour le changement corporel est réelle. Afin de gérer au mieux et pour répondre à la demande en constante évolution, les consultations dans sa prestigieuse clinique privée ont lieu trois fois par semaine, uniquement les après-midi de 15 h à 17 h.

Pour garantir un résultat optimal, des opérations chirurgicales sont, quant à elles, réalisées à la clinique de 10 h 00 à 12 h 30. C'est son nouveau leitmotiv : travailler moins et empocher plus ! Toujours plus d'argent pour gagner en pouvoir, en luxe... et ainsi le loup, arrogant, la queue entre les jambes peut poursuivre par jeu et par défi sa quête de séduction pour toutes les proies faciles aux valeurs bien ancrées afin de les mettre dans son lit et continuer à les baiser.

Les honoraires sont affichés « hors taxe » dans le joli cadre gris métallique. Il est écrit que les prothèses de seins coûtent 11 500 dollars « Je ne sais vendre que des Rolls ». Pour les 2 CV, il faut sonner ailleurs ». L'artiste accro aux jupons consacre aussi une grande partie de son temps au Trump National Golf Club.

Complètement perchée et mordue de perruques, teint orangé et bouche liftée, Élisabeth sa femme, est une ancienne mannequin de quarante ans qui a construit sa carrière sur sa plastie.

Désormais éloignée des podiums suite à une mauvaise chute lors d'un défilé, elle est la glamorous stay-at-home-moms, minaudière, capricieuse et prétentieuse conjointe du docteur. Au cours des années, elle a appris l'outrance et l'indifférence.

Issue d'une famille aisée, mariée à un homme qui l'entretient, elle n'a jamais eu à se soucier des problèmes d'argent. Ses principales activités se résument aux shoppings, fitness et restos. Elle dépense tous ses dollars dans des bagues serties de pierres précieuses provenant tout droit des ateliers des plus prestigieux joailliers bruxellois et dans des tenues plus somptueuses et extravagantes les unes que les autres pour ne jamais passer inaperçue.

Pour entretenir ses formes, la snobinarde plate comme une limande essaie de sculpter son corps lors de séances de fitness au Fernwood Gym Beverly Hills, un club où tout est mis en œuvre pour évacuer les frustrations qui tourmentent tout le gratin de la haute société. Leurs photos recouvrent l'intégralité des équipements proposés et ornent les murs. L'humour des Américains est décidément sans égal. Quant à sa troisième activité et non des moindres, c'est de se taper des restos branchés, avec ses copines parasites en tout genre.

Rires, moqueries et potins sont forcément au menu. Élisabeth est tellement obsédée par son poids qu'elle a réussi à se convaincre de ne rien avaler. La seule vision d'une olive la fait grossir.

John John est, du haut de ses vingt printemps, le fils aîné de la famille. Sa mère aurait aimé l'appeler John 1er pour perpétuer la dynastie Carlson, mais le père en a décidé autrement. Né avec une cuillère en argent dans la bouche, habitué dès son plus jeune âge à obtenir tout ce qu'il voulait, John John a grandi en pensant que le monde lui devait tout. Il est superficiel, immature et n'a aucun sens des responsabilités, ses visions de la vie sont dormir et étudier. Vous l'avez remarqué être dans les bras de Morphée est placé en pool position. Il voue, en effet, une adoration sans limites à son matelas de plumes qui lui assure un sommeil de plomb. C'est pourquoi il arrive systématiquement en retard aux cours du matin dispensé au Ronald Reagan UCLA Medical Center, hôpital situé dans le campus de l'Université de Californie à Los Angeles. Paradoxalement, les fées du génie ayant dû se pencher avantageusement sur son berceau, il demeure un excellent et très brillant étudiant en seconde année de médecine et semble avoir été épargné par l'égocentrisme ambiant qui règne dans sa famille.

Caroline, la cadette, l'a également échappé belle. Choisir le nom de baptême de sa mère aurait été une injure à la couronne britannique. Imaginez : Élisabeth 1er !

Mais rassurez-vous, avec le prénom du frère et celui de la sœur, les Carlson perpétuent la réussite américaine.

Les Carlson ont opté pour une élégante propriété de 12 millions de dollars, devant laquelle stationnent plusieurs voitures classiques : Ferrari, BMW, Mercedes.

John est un adorateur inconditionnel de la famille Kennedy, cette dynastie puissante, admirée par le public, ce qui justifie les portraits du couple mythique accrochés dans chacune des pièces de la villa.

Caroline, reconnaissable de dos grâce à son étoile filante tatouée dans le bas de la nuque, symbole du refus de l'ordre établi et de deux orchidées, une rouge et l'autre jaune, symboles du désir charnel et de l'infidélité, une enfant gâtée, capricieuse, séductrice impétueuse du haut de ses dix-neuf ans. Ses grands yeux verts hérités de sa mère, un look et des idées bien arrêtées des années Peace and love en font un avion de chasse comme disent les ados. Si cette dernière est une véritable bijouterie ambulante, la fille est une quincaillerie de pacotilles. On est hippie ou on ne l'est pas !

Tout comme son frère, Caroline à deux principales activités : la télévision et le flirt.

Tous les matins la jeune demoiselle, vautrée dans l'un des luxueux canapés en cuir du salon se plaît à zapper énergiquement sur toutes les chaînes du petit écran.

Elle adore particulièrement les films d'horreur à glacer le sang, c'est à se demander si son esprit n'est pas envahi par les démons. Elle est également avide d'émissions de télé-réalité, une passion spéciale pour Making Love, cette émission qui dépasse toutes les limites de la télévision et « Keeping up with the Kardashians » où à chaque épisode, 206 à ce jour, des millions de téléspectateurs sont au rendez-vous pour suivre les frasques de cette fratrie, les ruptures des uns, les tests de fertilité des autres, les chamailleries et les doutes, tout ça filmé dans des villas bling-bling d'une banlieue chic de Los Angeles. Un maxi cornet de popcorn à portée de la main, elle fixe, telle une momie, tous ces talk-shows. Les neurones fatigués par le manque d'activité : elle a l'allure empreinte de nonchalance jusqu'à ce que le soleil se couche. C'est le signal de rejoindre la salle de bain, un endroit sacré pour elle et la famille Carlson. Entre la baignoire en marbre gris avec jacuzzi, les robinets en or, les lambris en bois d'ébène, la télé suspendue sur les charpentes métalliques pour ne rien rater, sur les nombreuses étagères on ne trouve que des produits de beauté supérieurs à 300 dollars, dentifrice compris, Caroline s'apprête à squatter les lieux durant plusieurs heures. Il faut au moins ça pour se mettre en valeur et harponner toutes créatures, mâles ou femelles, venant s'exhiber et s'enivrer au Viper Room, l'une des boîtes de nuit les plus branchées du Tout-Hollywood.

Et croyez-moi, elle possède un sacré tableau de chasse. La digne fille de son père déborde d'imagination. Mais à la différence près : les petites pilules bleues ne lui sont d'aucune nécessité ; elle leur préfère les voluptés d'un pétard qu'elle surnomme du doux diminutif de pti roulé.

Cette brève description de chaque membre de la famille Carslon serait incomplète si l'on ne citait pas les deux dogues allemands. Yin pour sa robe noire avec une délicate tache blanche sur le dos et Yang pour sa robe blanche avec une légère tache noire sur le flanc. Tous les deux coexistent en parfaite harmonie, non seulement en raison de la complémentarité que symbolise ce concept oriental, mais surtout par leurs couleurs respectives permettant de différencier d'un simple coup d'oeil, le mâle à la tache noire, de la femelle avec sa tache blanche. Dans cette famille, même les chiens défient les signes ancestraux.

Yin et Yang possèdent d'exceptionnelles aptitudes à la garde. Dissuasifs et dotés d'un instinct très développé, ils ont tous deux pour mission de compléter le système de surveillance de la magnifique demeure qui compte huit chambres, cinq salles de bain, un garage pour cinq voitures, trois granges, un vrai bijou de l'architecture contemporaine digne des rêves les plus fous.

Comme pour les tous membres de la famille Carlson, la journée des deux dogues s'articule autour de deux tâches essentielles : se nourrir et aboyer. Enfin, surtout rester allongés à se prélasser des heures au soleil.

Après ces quelques lignes de présentation, vous aurez compris que nous sommes en présence de l'archétype d'une famille californienne vivant sur les hauteurs de L.A, là où la misère ne risque pas d'être moins pénible au soleil et pour cause, elle n'existe pas.

Ainsi, les mots tels que sans abri, sans emploi, sans argent, sans dent, sans voiture, sans domestique sont définitivement exclus et bannis de leur vocabulaire, la page comportant la définition de la proposition « sans » ayant étrangement échappé à la reliure.

*

Pour John, aujourd'hui est un jour particulier. Il est en effet invité par le manager général du MTV Movie Awards à prononcer le discours d'ouverture de la cérémonie la plus déjantée du cinéma américain. La mère et la fille n'y assisteront pas bien qu'elles aient fait des pieds et des mains pour y être conviées, une seule et unique invitation. Ce qui dérange Élisabeth, c'est que le tapis rouge ne sera pas honoré de sa présence et qu'aucun flash ne pourra ni mitrailler son joli minois ni la jolie tenue glamour qu'elle s'était offerte pour l'occasion.

Mais nada, niet, un seul et unique bristol, ce qui lui a valu d'être somptueusement ignorée pendant une semaine pour ne pas avoir essayé, compte tenu de ses nombreuses relations dans le milieu, d'obtenir deux cartons supplémentaires. Mais, ce qui mine le plus Élisabeth c'est de ne pas avoir été personnellement conviée par le manager général du MTV Movie Awards.

Quant à John, il n'est nullement perturbé par cette situation : la famille continue de se croiser sans se voir et de se balancer son sempiternel refrain... Merde, merde, suis en retard... etc.

Dans l'une des salles de bains, celle avec son prénom inscrit en lettre d'or au-dessus de la porte, John prend un réel plaisir à sourire sous la douche italienne en se souvenant des nombreuses stars qui ont eu recours à ses mains et dont il a sculpté et pétri à sa manière des seins aux volumineuses dimensions, des modifications de fessier pour un effet plus harmonieux et ferme. Sa maîtrise du bistouri l'a également amené à pratiquer de nouvelles interventions, ses dernières spécialités, opérations très en vogue depuis quelques années, sont des actes chirurgicaux sur des organes plus discrets : le rajeunissement du vagin et la dépigmentation de l'anus ...hé oui, paraît-il que cela augmenterait le quotient intellectuel, vous l'avez compris, c'est une affaire qui rapporte gros...

A l'heure des selfies et des réseaux sociaux, le recours à la chirurgie plastique et esthétique intervient de plus en plus tôt : poitrine et arrière-train en forme de V, de rond ou de cœur. Pour lui, il n'y a plus personne de laid à partir d'un million de dollars et, à ce prix, il espère bien pouvoir éradiquer ce fléau !

Comme pour les femmes, la motivation des hommes pour la chirurgie plastique et esthétique est la même : soigner son look. Redonner une allure plus jeune à leur silhouette et avec l'augmentation de la durée de la vie, et l'arrivée des traitements de la dysfonction érectile, les mâles veulent rester performants le plus longtemps possible pour profiter de la vie. Cela passe aussi par le bistouri qui permet de gagner quelques années pour projeter une image dynamique conforme à ce que la société actuelle demande. Désormais, la parité homme femme est respectée : tous égaux face au culte du moi !

Fini le double menton, la calvitie, les valises sous les yeux, les rides du front, les taches disgracieuses ! Vive la chirurgie faciale, la liposuccion et l'abdominoplastie qui remodèlent et sculptent un corps idéal, épargnant l'astreinte d'interminables et fastidieuses séances quotidiennes de gainage à entendre un coach balancer « On tient.. On ne lâche pas.. On tient ! »

Le culte de l'hédonisme, vade-mecum du séducteur décomplexé est présent à chaque coin de rue.

Dans la grande pièce de théâtre qui se joue chaque jour à Hollywood, pas question de se laisser aller. Face à la position sociale, l'enjeu est de rester beau et compétitif. Il faut prolonger le plaisir, et, pour ce faire, il est tenu de mettre toutes les chances esthétiques de son côté. Soigner son apparence, demeurer flambant jeune à tout prix, la formule « moi, en mieux », autant de marqueurs qui s'affichent et s'assument en véritable carte de visite et signes extérieurs d'affirmation de son niveau social.

En frottant délicatement sa belle chevelure poivre et sel, il fredonne l'une de ses chansons fétiches, *We are the champions* dont il a quelque peu modifié les paroles. À Hollywood, on est narcissique ou on ne l'est pas. Et chez les Carlson, on l'est pour tout le quartier ! *I am the champion !* Devant son splendide miroir à riche décor de pierres semi-précieuses, le beau John exhibe avec fierté son torse et ses muscles.

C'est quoi cette tache sombre sous ma poitrine ? se demande-t-il *Elle n'y était pas hier !* Pas mal le mec, viril à souhait, un ventre ultra plat, des abdominaux bien dessinés, un vrai corps de rêve pense-t-il en s'admirant encore une fois pour ne rien perdre de sa sublime silhouette. Miroir Oh mon beau miroir, dis-moi qui est le plus beau?

Et à sa voix pleine d'assurance de lui répondre : John bien sûr !

Vous l'avez noté, le père et la mère sont des fans inconditionnels de la famille Kennedy, mais également du miroir de Blanche Neige.

John bien sûr !

Un rituel de confort et de soin que John ne sacrifierait pour rien au monde le matin, c'est le rasage. Alors qu'il allait délicatement déposer le savon à barbe sur son visage, une voix grave se fait entendre.

— Magnifique journée en perspective John, tu as bien raison de te faire beau, aujourd'hui sont les dernières heures de ta vie sur terre.

— C'est quoi ces conneries ! réplique-t-il, amusé, après quelques secondes d'hésitation.

Il imagine immédiatement une énorme farce vengeance de sa potiche de femme et de son incrédule de fille. Il fixe le miroir, parcourt le tour du cadre avec sa main, regarde tout autour de lui dans la salle de bain.

La voix se fait une nouvelle fois entendre.

— Je suis ton passé, ton présent et ton futur. Pour faire simple, je suis le temps. Je suis un enquêteur des brigades spéciales de l'univers.

— Des brigades de quoi ? Des emmerdeurs ? Répond John tout en détaillant chaque accessoire à sa portée de sa main, à la recherche d'un éventuel micro haut-parleur.

Tout y passe : porte-serviettes, porte-savon, pommeau de douche, luminaires, robinetterie, dessous d'étagères.

Soudain, un cri de sauvage au son aigu à faire voler le miroir en mille morceaux retentit.

— Arrêtez votre petit jeu à la con !

Élisabeth, déjà bien occupée à regarder les originalités en matière de bikinis pour les futures vacances ne réagit pas. Question d'habitude. Chez les Carlson ils ne se contentent pas de se croiser sans se voir, ils sont également sourds !

En un mot, chacun se moque de ce qui peut arriver à l'autre. Dans la famille Carlson, excepté le fils, on a la main verte et on cultive avec soin un nouveau fruit bio appelé MA pomme d'amour à moi. Sous le soleil de Pacific Palisades, nul besoin de recourir aux engrais !

La voix se fait entendre à nouveau.

— Tu vis tes dernières heures terrestres. C'est toujours pareil avec les privilégiés, vous leur rendez service en les informant que c'est la fin de leur voyage sur la planète bleue et ils font la gueule. Quel job ingrat que celui d' enquêteur des brigades spéciales de l'univers ! De plus, il est impossible de prendre du repos, de se mettre en grève, il y a trop de travail !

— Tu me gonfles avec tes conneries, l'enquêteur !

— Je comprends. Le docteur John est énervé. Bon, avant ton départ, je dois m'occuper de celui de Dany Tenor.

Une serviette autour de la taille, les cheveux mouillés, de la mousse à raser qui s'apparente à de la crème chantilly sur le menton, John bondit hors de la salle de bain et se jette tel un fauve sur sa femme déjà en conversation téléphonique avec ses copines au sujet des bikinis. Excédé, il lui arrache son iPhone des mains et le balance sur le mur, en prenant soin d'épargner le portrait du couple Kennedy.

— Et voilà, tu as gagné, maintenant il est mort, foutu espèce de taré !

Yin et Yang adoptent le concept du rien vu, rien entendu en ramenant leurs pattes sur leurs oreilles.

Caroline, dans son pyjama licorne qu'elle ne quitte jamais afin de favoriser une bonne relaxation se prend pour Carrie en déchirant l'air de hurlements stridents - conséquence toute normale d'une grande fan de films d'horreur gore. Telle une comédienne de série B, elle affiche une posture terrifiée, ses deux mains sur la bouche, avant de se jeter dans les bras de sa mère, en versant des larmes de crocodile. Du pharaonique théâtre de Guignol !

— T'es complètement cinglé mon pauvre, faut te faire soigner !..., je ne te supporte plus ! lance Élisabeth, rouge violacée, écarlate de colère, les yeux exorbités en regardant les débris de son téléphone éparpillés en mille petits morceaux sur le sol.

— Je sais ! Ta mère m'a déjà complimenté, mais je peux mieux faire ! répond-il en levant un œil rieur, avant de rejoindre la salle de bain en tortillant ses fesses sous sa serviette.

— Tu vas pouvoir participer au casting du prochain remake de la dernière romance érotique à la mode... mais..., à « Cinquante nuances de degrés près, tu es à mille lieues de Chrisitan G. Grey .Tu t'en souviens ? T'es has been ! T'as passé l'âge avec ta moumoute sur ta boulle de billard.

John la gratifie d'un magistral doigt d'honneur ponctué de « Pamela, t'as l'airbag gauche qui se dégonfle, va vite mettre une rustine ou tu vas bientôt couler ! »

— Il est propre au moins, lance-t-elle en lui tournant le dos.

Dans la famille Carlson, on a la classe ou on ne l'a pas, en l'occurrence le père et la mère en ont à revendre.

Arrivé devant son miroir, la voix se fait de nouveau entendre.

— Je t'ai choisi en t'offrant la possibilité de te racheter et de poursuivre ainsi ton voyage cosmique. Tu es un privilégié, mais je me demande si je n'ai pas fait une erreur en jetant mon dévolu sur toi. Bon, je te laisse, car j'ai beaucoup de travail aujourd'hui ! Le compte à rebours est lancé.

Tic… le temps passe…

— Tu m'as choisi ! On se connaît ? Me racheter de quoi ? Oui c'est ça, casse-toi !

Au fait, avec ta voix d'outre-tombe, tu dois avoir de sérieux problèmes de larynx. Je peux te la retaper si tu veux. Tu n'as qu'à passer à ma clinique. Pas besoin de rendez-vous et si c'est trop cher pour toi, on s'arrangera, tu payeras en dix fois sans frais et je te ferai même une carte de fidélité en prime.

Bien joué les sorcières vipères, pense John en continuant de s'habiller. Il aime le luxe, la volonté d'être systématiquement supérieur aux autres et épater la galerie. Sortir des milliers de dollars contribue à son bonheur, aussi est-il toujours prêt à faire chauffer SA Gold Card American Express afin de posséder les costumes qui lui donneront un look des plus raffinés produisant une forte impression auprès de ses futures patientes. Sa situation financière plus que confortable avec en prime la célébrité lui fait penser qu'il n'a pas besoin de connaissances en séduction puisque toutes les femmes tombent comme de petits pains.

On n'attrape pas les mouches avec du vinaigre, répète-t-il à chaque occasion.

Pour sa partie de golf de ce matin et pour swinguer avec style, il opte pour une tenue Hugo Boss de la collection Green, le sportswear ultrachic du beau gosse : un polo gris vert qui fait ressortir ses yeux de même couleur, un pantalon blanc, une paire de tennis basses blanches, des chaussures en peau de crocodile doublées d'ours, un gant brodé à ses initiales, sans oublier sa nouvelle montre qu'il porte pour la première fois, une Apple Watch dernier cri de couleur or rosé, arrivée à son domicile par porteur, cadeau d'un anonyme. Parce que je le vaux bien, se dit-il en la contemplant à son poignet. La cérémonie du MTV Movie Awards débutant exceptionnellement à 20h30, il sera toujours temps de revenir se changer et de revêtir un smoking Brunello Cucinelli.

John quitte la villa et dépose son imposant sac de golf contenant une panoplie complète de fers et de putters dans le coffre de SON cabriolet Mercedes CL65 de teinte blanche, avec intérieur en cuir beige, payé cash pour le modique labeur de cent dix coups de scalpel. *Merde, merde, merde, j'suis en retard*, lance-t-il avant de commander l'ouverture du portail automatique de la résidence d'un simple appel de phare de son bolide, qu'il franchit devant Yin et Yang au garde à vous, sur leurs quatre courtes pattes, semblables à deux statues en porcelaine noire et blanche.

3.

... Les sourires et les moqueries se transforment en une inquiétude de plus en plus perceptible...

Fier comme un bar-tabac (comme dirait Fernand Raynaud) au volant de son cabriolet, John se dirige vers le Trump National Golf Club pour sa partie de golf. Un jour comme celui-ci ne pouvait que commencer par un 18 trous. Il se prépare, en effet, à vivre un moment d'intense jouissance, avec à la clé un véritable orgasme qu'il attend depuis son installation à Pacific Palisades : la reconnaissance de son travail de chirurgien plasticien par toute la jet set hollywoodienne. Sur K-EARTH 101 Radio Personalities, on ne parle que de cette cérémonie. Mais dans quelques heures, on ne vantera plus que le scalpel du génial Docteur Carlson - *The Star Beast, Et pourquoi pas l'Oscar du Scalpel d'Or,* se dit-il en jetant un rapide coup d'œil dans le rétroviseur, le syndrome du miroir ne s'arrêtant pas à la porte de sa salle de bain. Il se permet même quelques zigzags au volant de son cabriolet en fredonnant *I am the champion !*

Soudain, à quelques miles du club de golf, K-EARTH 101 interrompt ses programmes. Nous venons d'apprendre la mort de l'acteur Dany Tenor qui s'est tué à bord de sa Lamborghini.

Triste nouvelle pour ses fans. Nous l'avions reçu à l'antenne la semaine dernière. Nous adressons nos plus sincères condoléances à sa famille et à ses proches. À quelques heures de l'ouverture du MTV Movie Awards, le monde du cinéma pleure un de ses grands acteurs.

John donne un brusque coup de volant à droite, enfonce la pédale de frein laissant derrière le véhicule une longue traînée de gomme sur le bitume, avant de se retrouver sur le bas-côté, envahi par une épaisse fumée blanche.

— P... ! c'est quoi ça ! lance-t-il tout haut en se précipitant sur son téléphone pour joindre la station de radio.

Le standard semble saturé.

Prostré sur son siège, le regard dans le vide, il éteint l'autoradio en se remémorant la voix de l'enquêteur. Il se rappelle chacun de ses mots. *Mais avant ton départ, je dois m'occuper de celui de Dany Tenor.*

La voix se fait entendre.

— John, tu t'excites comme un asticot dans un bocal. J'y suis habitué tu sais, tous les privilégiés ont le même comportement lorsque je leur annonce la bonne nouvelle.

— Mais au fait, c'est quoi ton job de merde ?

— Langage de la Jet Set en vadrouille, je suppose ? !

—Mon travail ? C'est de gérer le trou de ver que l'on nomme le « passage » ou le « SAS ». Mon job comme tu dis, c'est de t'attendre sur la dernière marche de ta vie pour te signifier la direction que tu prendras. Celle des ténèbres ou celle de la lumière.

—On décompresse avant d'y entrer ? Tu as trop regardé le film *Interstellar*, l'enquêteur ! Je parie qu'il y a un mec dans ton genre par galaxie. Moi, j'ai préféré *Mars Attact.* Les petits bonshommes verts avec leur désintégrateur d'humains, c'est plus mon genre.

— John, mon ami, tu finiras par perdre ton nez de clown, crois-moi.

— On parie mille dollars ? Mais tu es peut-être fauché ? Disons dix alors ! Ça va pour toi ?

— Le temps ne s'arrête jamais John. *Tic, le temps passe.*

— J'en ai une boîte, t'en veux un ? Il y en a pour tous les goûts : banane flambée, saveur cendre brûlée. Mais qu'est-ce qui me prend de parler à un fantôme ? Que des conneries tout ça, lance-t-il agacé, tout en composant le numéro de téléphone de son ami Jack Ferguson, capitaine au Beverly Hills Police Department.

— Salut Jack, j'ai un service à te demander. Depuis ce matin, je suis harcelé par un bouffon qui m'annonce ma mort dans la journée.

John lui raconte en détail le déroulement de ses péripéties.

—Méfie-toi John. Les mises en scène macabres semblent de plus en plus fasciner les tarés de la région. Avec les nouvelles technologies, ils peuvent pratiquement tout faire. Je n'aime pas ça... Ce genre de plaisanterie ne me fait pas rire du tout. Je lance la chasse et je te tiens informé. En attendant, ouvre l'œil et sois prudent.

Après avoir raccroché, John regarde à travers le pare-brise du cabriolet. *Vraiment trop fortes les sorcières* se dit-il.

Soudain, la sirène d'une voiture de la « Highway Patrol », positionnée derrière lui, tous gyrophares allumés, le fait sortir de sa torpeur naissante ; il était tellement accaparé qu'il n'a rien vu venir.

C'en est trop pour une simple matinée, une panique subite s'empare de lui, tandis que les premières gouttes de sueur perlent sur son front. Qu'est-ce que j'ai fait ? se demande-t-il en regardant son corps trembler. Les deux fonctionnaires de la Police « Interceptor Utility » restent quelques minutes à l'intérieur de leur véhicule pour vérifier la plaque d'immatriculation.

La main sur le holster du revolver qu'il porte à sa ceinture, une sorte de colosse sort de la voiture.

— Monsieur, il est interdit de s'arrêter sur le bord de la chaussée. Pour cela, il existe les vista point. Les papiers du véhicule s'il vous plaît et placez votre tête et vos mains à plat sur le volant sans bouger.

Apercevant John trembler comme une feuille d'automne sous l'effet du vent, impassible aux injonctions énoncées, le policier s'éloigne de la portière, dégaine et le met en joue. Son collègue, resté dans le véhicule, le quitte précipitamment et vise John avec un fusil d'assaut, lui intimant l'ordre de sortir immédiatement de la voiture, de déposer distinctement ses paluches sur le capot en écartant les jambes. Après une fouille au corps des plus serrées, l'un des cow-boys lui somme d'ouvrir le coffre.

Il est vide. Et toc ! pense John, amusé par le rocambolesque de la situation.

— Reculez et placez-vous en face de moi. Posez votre pouce droit sur votre nez et levez le genou gauche, commande le Power Ranger.

John s'exécute, il connaît la procédure débile pour vérifier si une personne n'est pas sous l'emprise de stupéfiant ou d'alcool. Si l'on demandait à ce flic de faire de même, il ne tiendrait pas deux secondes avec son ventre ressemblant à un ballon de soccer.

La police californienne doit certainement posséder des véhicules spéciaux pour de tels sportifs de haut niveau ! Songe-t-il.

— Inversez : votre pouce gauche sur votre nez et levez le genou droit.

Ses rotules tremblent, mais il réussit toutefois cet exercice d'équilibriste.

— Vous devriez rentrer vous coucher, vous avez mauvaise mine Docteur, et n'oubliez pas de payer l'amende en vous connectant sur le site de l'État de Californie.

Après le départ des deux mousquetaires de la route, John plaisante nerveusement en interpellant la voix.

— Eh, Nostradamus, t'es là ? J'ai bien failli croire à tes prophéties à la con ! Tu permets que je t'appelle Jean-Charles ? Non, Charles c'est plus tendance. J'ai connu un Charles autrefois, il avait le visage couvert de boutons à faire pâlir de jalousie un sachet de M&M's. As-tu aussi des pustules multicolores ? Et si tu me parlais de toi ? Ah ! J'oubliais, t'as beaucoup de travail aujourd'hui. Pourquoi ne prendrais-tu pas un Voldemort (le méchant dans Harry Potter) pour t'aider dans ta sale besogne ? Attention, maintenant tu as mon pote Jack sur dos, et il ne fait pas dans la dentelle, alors ne laisse pas traîner tes fesses plates dans le quartier, pov'con !

Ça doit vraiment les énerver mes diablesses de ne pas avoir obtenu de places aux MTV Movie Awards pour imaginer un coup pareil, pense John en rejoignant au Trump National Golf Club pour un 18 trous, son ami Eli, producteur de séries télévisées et grand amateur de starlettes bien roulées qui lui vaut le surnom de « 95 », en référence à son tour de poitrine préféré.

Tout en fonçant en direction du terrain de golf, John compose le numéro de téléphone du deuxième portable de son épouse.

Et oui, dans la famille Carlson, chacun possède au moins deux mobiles de marques différentes, cela va de soi.

Après plusieurs sonneries dans le vide, Élisabeth finit par décrocher.

— Comment vas-tu ?

— Moi ça peut aller, mais ta fille est choquée ; tu te souviens que t'as une fille ou t'as déjà Alzheimer ? Et je ne parle pas de l'iPhone que tu as balancé comme un taré. Tu veux quoi au juste, je suis pressée.

— Comme tu raffoles de la gastronomie française, je t'invite ce soir « Au Bouchon », l'un des top restaurants de L.A.

— Je n'ai jamais raffolé comme tu dis, de la cuisine française. C'était juste pour te plaire, mais maintenant, c'est le changement... Moi vois-tu, je préfère le Hamburger américain. Au fait, je croyais que tu étais ce soir à ta cérémonie ?

— Ce n'est pas ma cérémonie ! Je ferai le discours d'ouverture puis je me retirerai.

— Mon chou, tu sais bien que j'ai besoin d'entretenir mon corps de rêve, et après c'est un petit repas entre copines.

— Ah c'est vrai, j'avais oublié. Tu ne pourrais pas annuler pour une fois ?

— Tu sais bien que c'est impossible. Tu dois sûrement avoir des soucis avec ta nouvelle starlette. Sa poitrine ne lui plaît pas ?

— Ah oui, toi et tes copines !

— Mon chou, moi j'ai mes amies et toi tes bimbos siliconées avec leur big booty et leurs dents blanches à éblouir un aveugle. Je supporte tout, tes infidélités, tes absences, ton égoïsme et ton goût certain pour l'humiliation. Mais tu as raison, les femmes sont toujours beaucoup trop naïves et trop sensibles ! Ta fille, au moins a trouvé un raccourci : elle est passée directement au mépris.

— L'essentiel n'est pas ce que l'on supporte, mais la façon de le supporter. J'ai un truc important à te dire.

— Sans blague, mon philosophe de mari a un truc important à me dire ! répète-t-elle en se moquant. Chéri, chéri, la vie est un paso doble langoureux qui se danse à deux, mais toi, tu as le tempo d'un cul-de-jatte. Et puisque tu ne sais pas gambiller tu peux toujours essayer de jouer avec tes cordes vocales et chanter Je suis un loser. Si tu as oublié les paroles, demande à ton ami « 95 ». Vous faites partie de la même chorale de castrats.

— Je voulais juste un peu de chaleur.

— Achète un radiateur, ce sont les soldes !

— Tête de bactérie psychotique décoiffée, espèce de merguez fossilisée !

— T'es en pleine forme aujourd'hui mon chéri, ça change ! Tu as le nombril en haut des oreilles et tu sais faire le coq avec tes plumes de paon. Invite une de tes petites starlettes au Bouchon. Je lui conseille les beignets de brandade de morue à la purée de pommes de terre, c'est tout ce qu'elles ont dans la cervelle et, comme tu aimes les chansons françaises, tu pourras leur pousser la turlurette avec ta voix de fausset : dans le port d'Amsterdam, il y a le chirurgien….qui boit et reboit à la santé des putains…et quand il a bien bu, il pisse comme il pleure sur les femmes infidèles…

Dans la famille Carlson, la mère ne déroge pas à la règle, elle a également de la classe. Je me demande ce que j'ai bien pu lui trouver à cette planche à pain, rumine-t-il.

*

Il retrouve comme à l'accoutumée depuis qu'ils jouent ensemble au golf, son ami 95 sur l'aire de départ.

— T'es en retard !

— Le temps est relatif 95 ! Bon, tu drives ? Réponds John d'un ton agacé, trahissant une évidente contrariété.

Au sixième trou, la partie est soudainement interrompue par le téléphone de John qui ne cesse de sonner bruyamment, affichant sans relâche le prénom Charles.

Visiblement exaspéré, il laisse s'enchaîner les appels sans décrocher, en fixant l'écran d'un air totalement ahuri.

— T'as des soucis ? demande Éli.

— Non, non, c'est juste une minette qui me harcèle depuis plusieurs jours.

— Tu peux me l'adresser si ton planning est surbooké,

— Non 95, sans intérêt pour toi, c'est du petit bonnet ! répond-il, en le gratifiant d'un clin d'œil.

Arrivés au septième trou, le téléphone d'Éli sonne à son tour.

— Tiens, c'est pour toi, un certain Charles !

John demeure sans voix, tétanisé sur place. Le temps est suspendu tandis que la sonnerie persiste.

— C'est pour toi, lui répète-t-il en lui tendant son téléphone. Comment a-t-il fait pour obtenir, en si peu de temps, un numéro de téléphone au nom de 95 ? se demande John.

— Il te reste quelques heures à vivre sur terre et la seule chose que tu trouves à faire est de taper dans une petite balle blanche. La grande aiguille du temps s'approche inexorablement de la fin. *Tic, le temps passe…*

— Et toi t'es le caddie de mes soucis ! Les montres à trotteuse, c'est ringard mon petit canard boiteux ! Mais c'est normal pour toi, tu appartiens à la génération des anciennes gloires.

— J'aime beaucoup ton Apple Watch. Tu as bien raison de porter à ton poignet un ordinateur pour lire le temps qu'il te reste. Sûrement un cadeau prémonitoire. Ha ha ha... !

— Va te faire f... lui répond rageusement John avant de couper la conversation et de balancer le portable quelques mètres plus loin, amorti dans sa chute par le duveteux gazon du green.

C'est son truc les téléphones, il aime les bazarder lorsque quelque chose le contrarie. Ses amis qui le connaissent bien gardent précieusement leur appareil dans leur poche quand ils se retrouvent à proximité, mais pour cette fois, le téléphone de 95 s'en sort sans dommage.

— Waouh ! Que t'arrive-t-il ? J't'ai jamais vu comme ça.

— Fais pas chier 95 ! T'attends quoi ? Que les souris s'entraînent au swing ?

— Oh là, c'est quoi ton problème ? Lance Éli en récupérant son téléphone sur le green.

De rage, John balance une balle dans un bunker.

— Tu vois 95, le problème avec le golf c'est la balle !

Après le parcours de dix-huit trous à la sauce distraite et angoissée les deux amis se retrouvent en terrasse pour échanger sur les dernières news alléchantes d'Hollywood tout en dégustant un Romano's Macaroni Grill Parmesan Crusted Sole.

La conversation consiste surtout à troquer des numéros de téléphone de starlettes grands bonnets, contre des invitations à des soirées spéciales organisées par son ami producteur. Chez les grands fauves, c'est à l'heure du crépuscule qu'ils ont des chances de trouver les femelles de leurs rêves.

Mais pour John, l'heure n'est plus à la plaisanterie. Éli le fixe.

— T'as des soucis, toubib ?

— Fais pas chier avec ça !

— C'est la première fois en cinq ans que je te vois faire l'essuie-glace : un coup à droite, un coup à gauche sans parler de tes mémorables air-shot.

— Et toi, t'as joué comme Bruce Lee aujourd'hui : dix-huit trous en dix-sept coups !

— Tu vois mon ami, le problème avec le golf, c'est les trous de souris !

Ils partent dans un fou rire réconfortant, leur humour de bas étage étant un des autres ciments de leur amitié.

— Merde, merde, merde, j'suis en retard. Je dois passer à la clinique, annonce John pour couper court à la conversation.

— OK, mais je te connais bien et je suis sûr que tu me caches quelque chose.

John hésite un instant puis se ravise très vite. Comment mettre des mots sur l'indéfinissable, sur l'indescriptible, l'inénarrable enchaînement d'évènements qui contrarient depuis ce matin son existence dorée ?

Tous deux se séparent sur le parking après une longue accolade qui laisse 95 songeur, peu enclin à ce genre d'effusion tactile de la part de son ami.

4.

... Toute vérité franchit trois étapes :

D'abord, elle est ridiculisée.

Ensuite, elle subit une forte opposition.

Puis, elle est considérée comme ayant toujours été une évidence...

Arthur Schopenhauer

Il faut environ quinze minutes et trois flashs radar à John pour parcourir les treize miles qui le séparent de sa clinique privée située avenue du Dr N Camden à Beverly Hills. Et pour une fois, point de voiture de La « Highway Patrol » à l'horizon pour lui faire perdre son temps et quelques centaines de dollars d'amende.

Perdre son temps !

Quelle expression maladroite.

Quelqu'un pourrait-il me donner la définition du temps ? Non, car elle n'existe pas. Toutes les phrases qui utilisent le temps aboutissent à un aphorisme. Donc soyons clairs, affirmer perdre son temps est une connerie ! Le temps est la seule chose que l'on ne puisse pas perdre. Je peux perdre mon téléphone, mon portefeuille, mes papiers, un ami, ma femme, mes enfants, mon job... mais le temps, non.

Il est toujours là présent avec moi. J'entends en continu son tic-tac. Je n'ai aucun risque de le perdre ou encore de courir après lui. Inutile que je l'enferme dans mon coffre-fort à la banque, personne ne viendra me le voler. J'ai ouï dire qu'un Français était parti À la recherche du temps perdu, un certain Marcel Proust. Il ne l'a d'ailleurs jamais trouvé, il devait être sacrément bien caché ! Ah, ces Français, ils défilent en gilet jaune, car un incontournable Alfred de Vigny leur a soufflé que « Laisser passer le temps sans emploi, c'est perdre un bon revenu », et dire qu'il suffisait de traverser la rue! Sale temps pour les pauvres. J'ai même lu d'une certaine Madame de Sévigné que « Le temps vole et m'emporte malgré moi... » c'est sans doute pour cela qu'un dénommé Alphonse de Lamartine a écrit « Ô temps, suspends ton vol ! ». Avez-vous déjà vu le temps voler ? Le temps n'est qu'une fréquence contingente, celle du machiavélique marionnettiste cosmique, producteur d'un milliard de scénarios facétieux à la nanoseconde, qui lève le voile, sine die, sur une seule affirmation : ta finitude. Avec cet unique indice perceptible mystère d'une équation au tempo inconnu, l'homme est soumis à un questionnement arithmétique inépuisable. Répondre à une question par cent interrogations et cent interrogations qui ramènent à la question, tel est le sens du tourbillon de la vie, dans son imbroglio des notions du Bien et du Mal.

Découvrir ce qui est juste devient alors la résolution obsessionnelle d'une équation infernale, je t'en foutrai moi de la relativité du temps. Vous aviez raison Albert, le temps n'est pas le même que vous soyez pauvre ou riche : le temps qui passe joue en faveur des nantis et non des gueux.

Arrivé à la clinique qu'il a depuis longtemps rebaptisée la Cour des Miracles, il se dirige directement à l'étage où se situe son bureau ovale, vénération de la famille Kennedy oblige !

— Oh merci Docteur je tenais à vous remercier pour ce magnifique bonsaï que vous m'avez fait livrer. Je sais que cette plante est symbole de longévité et cela me touche énormément. Que me vaut cette délicate attention de votre part ? C'est la première fois, depuis que je travaille à vos côtés en dix ans que vous m'offrez un cadeau, dit-elle troublée.

—Vous voyez que tout arrive ma chère secrétaire ! À la Cour des Miracles, certains se réalisent. Je ne fais que passer, je prends quelques documents et je retourne chez moi me préparer pour la cérémonie de ce soir.

— Docteur, Madame Anderson souhaite que vous la receviez en rendez-vous de toute urgence. Elle a soulevé le masque de protection de sa rhinoplastie et trouve que son nez ressemble à une pomme de terre germée. Je lui ai proposé un entretien demain à 15h00.

— Eh bien maintenant, il évoque au moins quelque chose ! Demain ? Je crois que ce ne sera pas possible, répond John.

— Après-demain, vous avez juste un rendez-vous à 16 h 00.

— Impossible !

— Ah bon, vous partez en vacances ? Vous travaillez trop ! Vous avez raison d'en profiter, allez vous détendre et vous reposer.

Après avoir fait un rapide point sur les affaires courantes avec sa secrétaire, il pénètre dans son bureau et se vautre dans son fauteuil de prélat, de plus en plus dubitatif. Machinalement, son regard se pose sur une feuille de papier qui dépasse de la pile du monticule de dossiers posés devant lui. *Tic, le temps passe*, est inscrit à l'encre couleur rouge sang. Le sien ne fait qu'un tour et il se précipite vers sa secrétaire en vociférant.

— Qui est entré dans mon bureau ? Qui ça ?

— Personne Docteur, juste moi ! Il y a un problème ? demande-t-elle en amorçant un léger recul, observant, les yeux écarquillés de stupeur, son visage aux cinquante nuances de pivoine.

John la fixe quelques secondes et tourne les talons, sans dire mot. Il plie nerveusement la feuille de papier qu'il glisse au fond d'une de ses poches et quitte la clinique en ayant à peine pris le temps de la saluer.

Le mâle dans toute sa splendeur ! Il vous offre une rose délicatement parfumée alors que son col de chemise diffuse des éffluves de parfum de rouge à lèvres. Et le pire dans cette histoire est que tous les petits blancs-becs aussi prétentieux que stupides et insensibles alternent indifféremment des attitudes de geeks ou de supers dragueurs. Ces cavaleurs au bronzage artificiel et à l'allure faussement décontractée adoptent le balancement du grizzli en cage. Leur but est toujours le même, arriver au lit le plus rapidement possible. Les pauvres ! La distribution de leurs chromosomes était aléatoire. Et en plus ils sont nuls au plumard pense-t-elle en lui offrant son plus beau sourire d'un air narquois.

John fonce direction Westside pour regagner Palisades. En parcourant l'allée qui le mène à l'entrée de la villa, il est surpris par le comportement de Yin et Yang qui, contrairement à leurs habitudes, le fuient en aboyant. Il monte quatre à quatre les marches de l'escalier en marbre pour rejoindre la salle de bain où tout a commencé, sans croiser âme qui vive. Il fixe le miroir pendant de longues minutes cherchant dans son propre regard des explications rationnelles à ce qui lui arrive, mais en vain. Il se déshabille et se glisse sous la douche high-tech, savourant le passage des jets multidirectionnels sur son corps hâlé.

Mais c'est quoi cette tache sombre sur ma poitrine ? s'interroge t-il de nouveau, l'observant cette fois avec une inquiétude non dissimulée.

Debout au centre de son dressing, une serviette autour de la taille comme à son habitude, il fait coulisser la porte et commence à décrocher les cintres un par un, laissant choir négligemment ses costumes sur le sol. Alors qu'il ajuste son smoking noir et s'apprête à nouer le nœud papillon autour du col cassé de sa chemise, quelque chose dans le reflet du miroir l'effraie. Il s'approche et examine avec une inquiétude perceptible son visage tout en le palpant du bout des doigts. C'est quoi ça ! J'ai l'impression d'avoir vingt ans de moins ? C'est encore un de tes tours, Charles ? Tu veux me faire concurrence? Toi aussi tu joues au Dr Frankenstein? Eh, réponds !

John quitte la villa en jetant un dernier regard derrière lui, puis monte dans SON cabriolet. « Merde, merde, merde, j'suis en retard, je n'ai pas préparé le discours de ce soir », lui rappelle son subconscient.

Tandis qu'il roule en direction du Nokia Theater, le pied rivé sur l'accélérateur et le cerveau en pilotage autorégulé, un homme sorti de nulle part se jette sur le capot de sa voiture, le visage ensanglanté en hurlant un docteur vite, un docteur !

John stoppe son véhicule sur place et sort en criant à plusieurs reprises : J'suis médecin, laissez-moi passer.

Il aperçoit un monstrueux Dodge Ram encastré dans une Ford Fiesta. David contre Goliath et cette fois Goliath a été le plus fort. L'homme amoché sérieusement, l'œil gauche complètement tuméfié, des traces de sang un peu partout sur le visage devait être au volant, pense-t-il en se précipitant côté conducteur pour accéder à la jeune femme assise côté passager.

Il place immédiatement ses deux doigts dans le creux, entre la trachée et le grand muscle du cou, pour atteindre sa carotide et prendre son pouls. Elle est inconsciente, mais toujours vivante, son rythme cardiaque est faible. Il l'examine attentivement, avec toutes les précautions que requiert son état, ses paupières se soulèvent doucement, ils se regardent. Il reconnaît ses grands yeux noisette en amande !

— Laurence ? C'est toi ma Laurence ?

Elle lui sourit, un battement de ses longs cils en guise d'acquiescement. Il la redresse délicatement et la serre tendrement dans ses bras. Une étreinte au doux parfum de son souvenir. Recueilli dans un profond silence - les douleurs légères s'expriment, les grandes douleurs restent muettes - il entend sa respiration diminuer ostensiblement tandis que les photos-souvenirs affluent.

C'était le début de l'été, il venait d'avoir 17 ans.

Sa mère qui ne le supportait plus l'avait envoyé passer quatre semaines au bord de la mer chez un oncle éloigné. John était à cet âge un garçon solitaire et réservé qui écrivait des poèmes qu'il conservait précieusement dans un journal intime. Durant toute sa période d'adolescence, il se racontait des histoires, s'inventait une autre famille, Il était brillant à l'école et tout le monde l'aimait. Combatif, il ne supportait pas l'injustice et il était toujours prêt à défendre les plus faibles.

Quelques jours après son arrivée à la station balnéaire, en allant à la recherche de petites criques sauvages, il sentit un regard le poignarder dans son dos ; il se retourna, elle le fixa : une tignasse blonde et une bouille de chat. C'est à ce moment-là qu'il fit la connaissance de Laurence, une éblouissante adolescente de seize ans, la jupette retroussée au- dessus des cuisses, le rire dans les yeux et le bonheur sur les lèvres, elle avait déjà cette arrogance-là, irrésistible pour le jeune garçon qu'il était. Durant quatre semaines, la plage fut son refuge, car c'était là que les caresses de l'eau l'avaient réconcilié avec le monde et c'était là aussi qu'il avait trouvé son âme sœur. Comme pour lui dans sa vie familiale rien ne tournait rond. Un mois riche d'une histoire exceptionnelle, quatre semaines qui furent l'expérience inoubliable d'un amour intense et intégral où il devint un homme.

Séquence au ralenti. Le corps plane. Le cœur scintille. L'émotion est à fleur de peau. Laurence, mon premier amour enfin... S'ensuit alors une correspondance surnaturelle. Messenger devient le lien quotidien, en quelques jours les lettres sont pleines de confidences et de rires.

Un matin, dans le bus 11, encore tout essoufflé par son sprint, ayant pris place sur la banquette arrière, il ouvrit la dernière lettre qu'il venait de recevoir. Son cœur battait la chamade à l'idée de cette lecture toujours unique et magique. Le temps ne lui a jamais paru aussi long et c'est un coup de massue qui lui tomba sur la tête devant ce texte court et confus : « Je m'ennuie avec toi, trop de routine, pas assez d'excitation », se terminant par cette phrase qui ponctuait la fin de leur belle histoire : « Je ne t'aime plus, oublie-moi. »

Les souvenirs le submergent ; tout ce qu'il a vécu avec Laurence prend le dessus. Envie soudaine de fuir, de tout quitter pour s'envoler à sa recherche. Lui dire combien elle est importante à ses yeux, qu'il l'aime et qu'avec lui tout serait magique.

Le temps de quelques secondes, les yeux dans les yeux, corps contre corps, main dans la main, tous deux à peine plus légers qu'une plume dans un souffle : il aurait tant souhaité être avec elle dans un autre monde là, où tout ne serait qu'amour et lumière.

L'illusion du véritable bonheur qui se vit dans le rêve et la liberté de l'imagination sont précieux à l'adolescence.

Il lut, relut encore ce morceau de papier. Il sombre, son univers s'écroule. Le chagrin l'envahit et il ne peut contenir ses larmes.

La lettre l'a transformé. Il était en rage. C'est un jeune homme froid et calculateur qui descendit du bus. Le John nouveau était né. La folie s'était emparée de lui. C'est à ce moment précis qu'il avait décidé de devenir chirurgien plasticien-esthétique. Il se souvient même de ses paroles : elles vont toutes le payer cher !

*

« Je t'aime Laurence, ne m'abandonne pas encore une fois, mon Dieu, je t'en supplie, aide-moi. Fais qu'elle s'en sorte et qu'elle vive. S'il te plaît mon Dieu ».

Elle le regarde tandis que se dessine un ultime sourire sur ses lèvres, ce même sourire magnifique qu'elle lui adressât aux premières secondes de leur rencontre. Les yeux fixés dans les siens, une dernière larme coule le long de ses joues.

Tous ses muscles se relâchent, sa tête tombe sur lui. Son corps est sans vie, c'est fini. Un sentiment de colère l'envahit, le poing serré, la gorge sèche, il crie, hurle sa douleur.

— T'es content Charles ? T'as réalisé ton quota aujourd'hui. Toi, au Paradis, toi en enfer ! C'est ainsi que ça marche ?

Des conneries tout ça ! Je parie que tu ne connais même pas la loi de Boyle-Mariotte. Dis-moi Charles, l'enfer est-il exothermique(1) ou endothermique(2) ; (1 : évacue la chaleur, 2 : absorbe la chaleur) ? Alors un petit cours pour toi. Premièrement, nous avons besoin de connaître comment varie la masse de l'enfer avec le temps.

Nous avons besoin de connaître à quel taux les âmes entrent et sortent de l'enfer. Je pense que nous pouvons affirmer sans risque qu'une fois entrées en enfer, elles n'en ressortiront plus. Du coup aucune âme ne sort. Tu me suis toujours Charles ?

— Jusqu'ici tout va bien.

— J'ai des doutes mais je poursuis. De même pour le calcul du nombre d'entrées des âmes en enfer, nous devons regarder le fonctionnement des différentes religions qui existent de par le monde aujourd'hui. Mais attention, Charles je ne suis pas seulement un spécialiste des seins en « V », mais aussi un fana de chiffres. Alors ne me raconte pas de conneries.

— Pourquoi en « V » ?

—Décidément tu n'as aucune culture. En « V » comme Vitesse à harponner un Mec, « V » comme Victoire je me le suis fait ! Bon je continue, La plupart de ces religions affirment que si vous n'êtes pas membre de leur religion, vous irez en enfer.

Comme il existe plus d'une religion exprimant cette règle, et comme les gens n'appartiennent qu'à une seule religion, nous pouvons projeter que toutes les âmes vont en enfer...

Maintenant, regardons la vitesse de changement de volume de l'enfer parce que la Boyle-Mariotte spécifie que « pour que la pression et la température restent identiques en enfer, le volume de l'enfer doit se dilater proportionnellement à l'entrée des âmes ». Par conséquent cela donne deux possibilités :

1) Si l'enfer se dilate à une moindre vitesse que l'entrée des âmes en enfer, alors la température et la pression en enfer augmenteront indéfiniment jusqu'à ce que l'enfer éclate.

2) si l'enfer se dilate à une vitesse supérieure à la vitesse d'entrée des âmes en enfer, alors la température diminuera jusqu'à ce que l'enfer gèle.

Laquelle choisir ?

— Je suis tout ouie John !

— Si nous acceptons le postulat de ma dernière starlette Jessica m'ayant affirmée « Il fera froid en enfer avant que je couche avec toi », et en tenant compte du fait que j'ai couché avec elle la nuit dernière, alors l'hypothèse doit être vraie. Ainsi, je suis sûr que l'enfer est exothermique et a déjà gelé... Le corollaire de cette théorie c'est que comme l'enfer a déjà gelé, il s'ensuit qu'il n'accepte plus aucune âme et du coup qu'il n'existe plus...

Laissant ainsi seul le Paradis, et prouvant l'existence d'un Être divin ce qui explique pourquoi, la nuit dernière, Jessica n'arrêtait pas de crier « Oh.... mon Dieu ! ». Et toi casse toi de ma vie !

— Tic, le temps passe John.

Son corps tout entier bouillonne de fureur et de désarroi.

En fouillant, les mains tremblantes, dans le sac de Laurence posé à ses pieds pour y chercher des papiers afin de prévenir un membre de sa famille, il découvre dans son portefeuille une photo d'eux prise à la plage avec au dos, un petit cœur dessiné dans lequel est inscrit John et Laurence.

La rage fait place aux larmes. Avec la force du désespoir il lui murmure à l'oreille : « Ya pihi irakema », Laurence. Pour dire je t'aime, les indiens Yanomami en Amazonie disent : *Ya pihi irakema,* qui signifie j'ai été contaminé par ton être - une partie de toi vit en moi et y grandit. L'Amour est éternel, comme les étoiles dans le ciel.

Eh oui ! je chiale Charles et je t'emmerde toi et ton *Tic-Tac*, hurle-t-il les yeux levés vers le ciel.

Les nombreux badauds rassemblés autour de la scène de l'accident dévisagent John avec stupéfaction et ébahissement pour les uns, tristesse et pitié pour d'autres, compassion et attendrissement pour tous. Le regard brouillé, il abaisse délicatement les paupières de son premier amour, l'unique et véritable de toute sa vie.

Alors que les secours arrivent, John repense à ces mots gravés dans sa mémoire : *avant que je vienne te chercher, tu croiseras une ultime fois la mort.*

Dans l'instant, la montre de Laurence se met à vibrer fortement en affichant un message clignotant : *Time done*. Il lorgne son Apple Watch, désormais, il sait ce que signifie ce signe.

5.

Perdu pour perdu...
Le temps du lâcher-prise et des règlements de compte est venu...

On s'active sur Hollywood Boulevard , les techniciens fixent les derniers spots, les commentateurs et autres journalistes ajustent leurs briefings, les chaînes de télévision s'entraînent aux Lives à venir...Une grande partie de l'avenue est fermée à la circulation. Toute la route est dévolue au tapis rouge et aux espaces pour les interviews. Deux couloirs sont formés pour les personnes ayant le précieux sésame. Les célébrités les plus en vue du moment pourront bientôt fouler le *red carpet* sous les projecteurs. Sous les cris des spectateurs tassés derrière les barrières métalliques, une horde de fans déchaînés et de névrosées hystériques, plus véhémentes qu'un bataillon de Femen attroupées, attendent l'arrivée des stars accompagnées de leurs Bodyguards.

John, le cœur brisé arrive devant le Nokia Theater. Les mains moites, il remet les clefs de son cabriolet au voiturier et se fraie un chemin parmi la foule pour atteindre une porte dérobée qui lui permet de se rendre directement dans le bureau de Steven Palace, le manager général de la cérémonie.

— Salut toi, je t'attendais. Waouh ! T'as fait quoi ? On dirait un vrai jeune homme. Waouh, t'as mis le paquet !

— C'est ça ! J'ai arrêté le vin et la cigarette et je m'occupe juste de la femme des copains de cinq à sept, rien de tel pour perdre quelques rides.

— Heureusement que je ne suis pas encore marié. Laisse-moi te regarder ! Bon, il me faut absolument les coordonnées du toubib qui t'a fait ça.

—Un enquêteur des brigades spéciales de l'univers, et l'opération a eu lieu dans un SAS !

— C'est qui ? OK je vois, on en reparle au dîner.

— Oh, je ne reste pas avec vous. Pour moi, c'est trois petites phrases, plus exactement, un big Scud qu'Hollywood n'est pas prèt d'oublier, et je repars.

— Tu ne peux pas me faire ça ! Tu as l'air en pleine forme. Je suis certain que tu vas cartonner ce soir !

— Tu vas être servi, fais-moi confiance ! J'ai ma ceinture remplie de cartouches, et j'vais pas rater les cibles, crois-moi.

— Je te trouve bizarre, tu es sûr que tu vas bien ?

— Bizarre moi ? Comme c'est bizarre !

Tous deux se dirigent vers le pupitre spécialement aménagé pour l'occasion.

C'est une standing ovation qui accueille Steven et John lorsqu'ils se présentent devant le public.

On commence à entendre les premiers waouh provenant des starlettes excitées comme des puces, assises face à la scène, bientôt repris en coeur par la presque totalité de l'assemblée. On ne peut pas expliquer pourquoi et d'ailleurs tout le monde s'en moque, mais, à Hollywood, il suffit que quelqu'un crie waouh pour que Sunset boulevard le chante à l'unisson.

Les cameramen l'ont compris, il se passe quelque chose. Ils font un gros plan sur John. On ne voit que lui sur les écrans géants installés dans la salle. Steven montre du doigt le visage de John, en s'exclamant :

—Et voici venu spécialement pour vous ce soir, le grand, le magnifique, l'élégant, le sublime et génial docteurrrr Johnnnnn Carlson, John Carlson, le magicien de la chirurgie esthétique, l'artiste, le sculpteur, celui qui produit des miracles pour nous rendre encore plus beaux. Et pour certains c'est un vrai challenge.

Hilarité dans la salle.

— Si Dieu nous avait effectivement créés à son image, je serais au chômage technique, répond John sans même le regarder.

— Dites-nous John, quel est le secret de cette cure de jouvence? demande Steven en s'éloignant du pupitre, le laissant seul, face au public.

John fixe la salle avec un sourire jubilatoire. Les applaudissements fusent puis s'éteignent petit à petit.

Le voilà installé. Il regarde tout autour de lui. Ce soir, il joue la dernière séance.

« Chers actrices, acteurs, producteurs, réalisateurs, techniciens et tous ceux qui composent votre famille, ce jour est un jour particulier pour moi, comme pour celles et ceux qui seront primés ce soir. »

Il s'interrompt un bref instant en portant son regard loin devant lui. Il ne voit plus personne, seules les paroles de Charles résonnent : chacun de ses mots lui revient en écho.
Puisque c'est mon dernier jour sur terre, dois-je leur crier qu'ils sont les plus beaux et les meilleurs ? Je n'ai plus rien à perdre, car ma vie se termine ici-bas et tout s'efface devant la mort : mes vanités, mes fiertés, la peur de l'échec. Non, je n'ai plus rien à perdre, se répète-t-il, je suis seul, déjà nu et dépouillé de tout artifice face à ma propre vérité, à l'inexorable. Se mentir ne sert plus à rien.

Dans un monde où le respect n'est plus, rien n'est plus délicieux que de passer pour un « con » aux yeux des voyageurs qui ne vous connaissent pas. La franchise est une vertu, ne serait-ce qu'à cause de sa rareté. Il va ainsi s'offrir le luxe d'être sincère. De dire merde, merde à tous ces crétins d'hypocrites et aux empoisonneurs en tout genre !

Il l'a maintes fois rêvé, mais n'a jamais osé se lâcher par soumission aux conventions !

Aujourd'hui, tout devient plus clair, facile, tout semble simple parce qu'il sait désormais que la grande faucheuse s'invitera dans quelques heures au banquet final de sa vie.

« Ce jour est particulier pour moi et pour éviter la litanie plombante des remerciements, je vais vous la faire courte. Je m'en tappe royalement… comme je me fiche en réalité de savoir quel sera le meilleur film de l'année, l'inégalable performance féminine ou masculine, tout comme je me tape de savoir qui décrochera le prix du plus beau petit cul et de la plus belle poitrine ! J'observe d'ailleurs qu'une majorité de celles et ceux qui se trouvent devant moi m'a demandé des heures de pompage de graisse et quelques bassines. Ce qui a permis à certaines quarantenaires d'en paraître une petite vingtaine, jusqu'à la prochaine vidange. Mais rassurez-vous, c'est open-bar, la station est ouverte sept jours sur sept ».

Steven affolé en coulisses fait de grands gestes aux cameramen pour qu'ils stoppent immédiatement l'enregistrement. Sans succès.

John continue de plus belle.

« Je ne sais pas si vous l'avez remarqué, mais ceux qui n'ont jamais reçu de la vie, ni baffe, ni coup, ni mornifle, sont souvent d'une arrogance extrême.

Ils jugent, ils pontifient, prenant leur chance pour un don, ils croient que la souffrance de l'humanité est inférieure à la leur. »

L'assemblée le fixe médusée, les yeux semblent vouloir jaillir de leurs orbites, les mâchoires serrées et les mentons levés, prête à le lyncher sur place. Ils sont nombreux à se demander ce qui se passe dans sa tête. Honteuse, déplacée, indécente, les adjectifs ne manquent pas pour qualifier l'allocution du chirurgien.

Après une courte pause, John un sourire moqueur accroché aux lèvres, tel Joker dans Batman, poursuit sa diatribe.

« J'ai atteint le sommet de la réussite dans les affaires. À vos yeux, ma vie a été le symbole du succès. Toutefois, en dehors du travail, j'ai eu peu de bonheur et de joie. J'ai eu une vie plutôt dingue. Il y a eu des hauts, très hauts, jamais de bas dans la spirale. J'ai vécu pour lutter contre le temps qui s'envole, inexorable. C'est drôle çà, je ne savais pas que le temps avait des ailes, enfin passons. Je disais donc que je suis passé à côté de tellement de choses et que j'en ai renié tant d'autres.

Notre Société est hédoniste. Elle présente le plaisir comme le but ultime de l'existence et sous ce régime, ne pas jouir de la vie est une espèce de faute. Un péché contre cette jouissance érigée en idole.

C'est pourquoi les « peine à jouir » qui ne savent pas « profiter de la vie » sont jugées très inférieures aux bons vivants, fêtards et autres Roger Bontemps.

Il y a bien longtemps que j'aurais dû raccrocher, car on finit toujours par être contraint de rendre des comptes et de payer ses dettes.

Ce jour est arrivé pour moi grâce à Charles qui m'a fait comprendre que la mort sur cette terre débouche sur un examen de passage dans ce p... de SAS du repentir ».

Un silence assourdissant s'abat comme une chape de plomb sur la salle tandis que Steven a arrêté de se croire sur le pont du porte-avions Nimitz avec ses grands gestes alarmistes.

John poursuit.

« Puis-je œuvrer valablement à tous les niveaux ? Puis-je à la fois être un fils attentionné, un mari exemplaire, un bon père, un amant au top garde-à-vous en dehors du « lever », un excellent chirurgien, un extraordinaire joueur de golf... un agréable présentateur au MTV Movie Awards ? Sur ce dernier point, j'ai ma petite idée au vu des différentes mimiques que j'observe dans la salle. Je ne crois pas que l'on puisse être bon dans tous les domaines! Existe-t-il un joker, une carte bonus qui me permettrait de faire un tour de manège supplémentaire ?

Nous avons le choix de vivre ou de paraître. Nous avons le choix de croquer la vie à pleines belles dents ou de la laisser se consumer par les deux bouts. Rappelez-vous : la personne que vous croyez être vit dans l'ombre.

On m'a maintes fois répété qu'il fallait réussir sa vie, moi je vous le dis, dévorez la vie, respirez et vivez votre voyage, éveillez-vous, ouvrez grand les yeux.

Épanouissez-vous au monde, rêvez d'évanescence et abandonnez-vous à la folle beauté des choses. Soyez vous même. Vous êtes la plus belle créature sur cette terre.

Arrêtez de pleurnicher, faites-vous confiance, ce sera votre plus grand succès. Et surtout, n'endossez pas le costume du « paraître » : Attention Madame, votre mascara n'est pas waterproof, il coule ! Parce que je le « veau » bien. Pour ma part, je l'ai compris trop tard. Puis-je me racheter en faisant exploser le carcan de ma réputation, comme je le fais devant vous ce soir, en mettant fin à ma piètre vie de chasseur de petits culs, à mes liens sociaux superficiels et à cette tartuferie institutionnalisée qu'est mon job de prestidigitateur des traces du temps qui passe ? Ce sera à Charles d'en décider. il n'y a que deux options possibles : continuer le voyage dans l'univers les yeux ouverts destination planète sérénité, plénitude du bonheur, ou s'enflammer et me consumer à la sortie du SAS. »

La salle est suspendue aux lèvres de John.

« Durant notre passage ici-bas, nous sommes placés sous la surveillance microscopique du grand marionnettiste qu'il appartient à chacun de nommer comme il le souhaite.

Les micros ou macros événements de nos existences sont des épreuves d'affinage de l'âme avec comme seule réponse, l'humanisme et sa règle d'or, l'amour de soi et des autres. La moindre des situations est une question à traiter, se déclinant une multitude d'interrogations.

Quels sont la signification et le sens de ma présence sur terre ?

Pourquoi suis-je là ? Quelle est ma mission et quel rôle dois-je jouer? La question du sens existe depuis que l'humain a été créé ! Nous sommes la seule espèce connue capable de se poser des questions. Alors, réfléchissons.

Quel est mon degré de responsabilité ? À chaque faute une pénalité. Le cumul catastrophique entraînera l'individu jugé nuisible à l'équilibre de l'univers dans un trou noir. Chaque décision prise dans votre vie vous conduit à l'endroit où vous êtes en ce moment. Vous pouvez cependant changer cela.

Dans la vie, on a toujours le choix : aimer ou détester, assumer ou s'enfuir, avouer ou mentir, être soi-même ou faire semblant.

Chaque seconde de notre vie, nous prenons des décisions importantes sans même le savoir.

Chacune d'elle oriente notre destinée. L'homme est l'unique maître de ses actes.

Lui seul pétrit son caractère, fabrique et façonne sa vie, son environnement et sa destinée. Pour ma part, j'ai souvent simulé pour faire croire que...

Mais J'ai eu la chance d'être choisi par l'enquêteur. Vous ne comprenez rien à ce que je raconte ? Ce n'est pas grave, vous apprendrez.

L'important pour vous maintenant est que the show must go on ! lance John avant de poser une dernière question à son auditoire : afin de vous éclairer sur la vraie nature de l'être, parmi vous toutes et tous, qui peut me dire dans la salle qui il ou elle, est : Personne ne sait répondre, si ce n'est dire son nom et ricaner bêtement. »

L'assemblée est sous encéphalogramme plat.

Les invités ne savent pas s'ils doivent rire, huer, quitter la salle ou applaudir.

John sourit et reprend son mea-culpa de plus belle.

« Une dernière histoire avant que vous ne rejoigniez votre microcosme de paillettes, parce que vous le valez bien ! C'est celle d'une femme d'âge mûr qui a une crise cardiaque et se retrouve à l'hôpital.

Sur la table d'opération, proche de la mort, elle vit une expérience. Elle rencontre Dieu et lui demande : mon heure est-elle arrivée ? Dieu lui répond : Non, tu vas vivre centenaire.

À son réveil, elle décide de contrarier l'attraction terrestre en se faisant refaire la poitrine, botoxer et lifter tout ce qui peut l'être.

Tant qu'à faire, autant être belle pour toutes ces années à vivre. Dans la famille des têtards, je vous présente la mère !

Après sa dernière opération, elle quitte l'établissement, traverse la rue et se fait mortellement renverser par un camion. Arrivée au ciel devant Dieu, elle lui demande : Ne devais-je pas vivre centenaire ?

Pourquoi n'avez-vous pas dévié la trajectoire du camion?

Et Dieu répond : Seigneur, je suis désolé ! Je ne t'ai pas reconnue! Rassurez-vous, nombreux sont celles et ceux parmi vous qui ne seront pas identifiables.

La salle s'embrase sous le sourire jubilatoire de John.

La majorité des convives se lèvent avec le pouce tourné vers le sol, tandis que les sifflets et les insultes fusent. Des cartons du menu sont balancés sur la scène. John les regarde s'amonceler à ses pieds, en criant Encore ! Encore ! Satisfait de sa prestation, bien conscient qu'il vient de gagner le combat par KO, seul contre tous.

Son allocution terminée peut faire rire ou pleurer, il s'en fout, bye-bye le monde superficiel. La lumière va s'éteindre, le rideau va tomber et la salle se vider. C'était sa dernière séance.

Le service de sécurité l'évacue. Juste avant que plusieurs starlettes, accompagnées de leur sex-friend, brutalement devenues hystériques, ne montent sur la scène pour lui refaire le portrait.

Steven, au bord de la crise de nerfs et tout proche de l'apoplexie accourt en direction de John qui le fixe droit dans les yeux avant de lâcher son venin.

— Steven a bobo ? Oh le pauvre ! Ça, c'est pour t'apprendre à sauter ma femme de cinq à sept, espèce d'enfoiré. Tu pensais que je ne le savais pas ? Je te réserve une place de choix dans le carré VIP de l'enfer à côté de tonton Lucifer et tata Cruella !

6.

… On ne négocie pas avec la mort. On doit juste accepter l'évidence…

Le jour d'après, agrémentée de quelques clichés volés par des paparazzis, la presse à scandales ne manque pas de relater le tsunami que déclencha le discours d'ouverture de John à la cérémonie des MTV Movie Awards.

Le Dr John Carlson est sorti de son cachot en rejetant les haillons. La mise à nu publique devant le parterre de la *High Society* médusée produisit sur lui l'effet d'une descente en apnée dans un bain de jouvence, un élixir qui nettoie l'âme de ses innombrables tourments en lui redonnant sa pureté originelle. Selon Platon, l'homme possède une nature double. Son corps matériel se modifie et vieillit au fil du temps. Son âme immortelle douée de raison peut accéder au monde parfait et permanent. L'âme existe avant le corps et dès qu'elle intègre son enveloppe charnelle, elle oublie qu'elle a été en contact avec un tel monde.

En se purifiant par le verbe, condition *sine qua non* de son admission à l'épreuve minutée de sa repentance, il put ainsi commencer à rompre avec son passé.

Il avait gagné un round, celui qui mit à terre le carcan de bad boy séducteur compulsif, mais le combat n'était pas terminé.

*

Les commérages vont bon train, les ragots se répandent au sein du très sélect microcosme que représente la *jet-set* hollywoodienne. On ne parle plus que du Docteur Jekyll, tombeur de ces dames, et de l'infâme Mister Hyde au sourire artificiel. Des *shorts vidéo*, tournées grâce au concentré de technologie que sont les smartphones aujourd'hui, commencent même à s'échanger à prix d'or annonçant les prémices d'un nouveau scandale, version US de la sulfureuse *Sex tape* française. La célèbre chaîne de radio K-Earth 101 flairant la bonne piste, ne manque pas non plus de s'inviter au bal de la médiocrité médiatique ; un défi est lancé : « Chères auditrices, chers auditeurs, toute personne permettant d'identifier Charles se verra offrir une récompense de mille dollars. La chasse est ouverte ».

Tristement solitaire, perdu dans le dédale des rues de Holmby Hills, le malheureux John vogue aux limites de la folie. Il arrive tant bien que mal à retrouver l'un de ses lieux favoris : le *House of Blues*. L'endroit est sinistre et le mauvais goût règne en maître. Ça commence dès l'entrée avec un faux bananier illuminé en guise d'enseigne.

Les gens transpirent l'alcool, titubent, parlent fort et renversent leurs bières dans les sacs des filles dans une triste tentative de drague.

À part la déco qui laisse perplexe, on notera la présence de gogo-dancers.

Avis aux adeptes, vous aurez tout le loisir de les voir agiter leurs petites fesses musclées et huilées sur les tables et le comptoir. L'endroit est fidèle à sa réputation.

Ce n'est pas une star flamboyante qui est assise dans un cercle de paroles au cœur d'une institution d'alcooliques anonymes, mais un pauvre mec qui s'effondre peu à peu sur sa chaise en confessant : *« Je m'appelle John, cocaïnomane, addict au sexe, et j'ai soif ! »*.

Il lève le doigt en direction du barman pour lui signifier, d'un clin d'œil entendu, de lui verser une seconde rasade de ce breuvage frelaté.

Alors qu'il vient de descendre cul sec son troisième verre, des souvenirs lointains de son adolescence affluent des profondeurs de ses entrailles, une douce remontée que l'alcool parvient assurément à raviver.

Il songe à Laurence, sa merveilleuse Laurence, son seul et véritable amour. Il l'avait remarquée immédiatement, car à ses yeux elle avait quelque chose de spécial et de mystérieux qui le magnétisait. Difficile de mettre des mots sur ce qu'elle dégageait tellement elle le subjuguait. Ils s'étaient retrouvés tous les jours durant ce bel été.

Leur complicité juvénile avait créé une osmose totale. Ils passaient leurs journées à discuter, à rire puis progressivement à se tenir la main, à se prendre dans les bras l'un de l'autre. Le destin les avait réunis, le temps et l'espace n'existaient plus pour eux. Ils aimaient s'enlacer. Leurs bouches avides et gourmandes, ils s'embrassaient comme seuls les passionnés savent le faire.

Il songe à leurs inoubliables promenades le long des dunes, leurs mémorables parties de cache-cache et sourit à l'idée qu'il essayait souvent, lorsqu'ils se baignaient, de dénouer le lien de son maillot deux pièces. Elle se mettait alors joyeusement à courir sur le sable - il aimait la laisser gagner - c'était son côté Don Juan. Ils riaient de leurs jeux amoureux. Ils aimaient explorer leurs corps chauds, caresser tour à tour leurs courbes délicatement. D'étreinte en étreinte, de coups de reins en baisers passionnés, ils adoraient faire l'amour, vibrer à deux et jouir ensemble.

Ils vivaient ces instants passionnels avec cette fougue intemporelle qui transporte les corps et les esprits dans un autre monde, avec la beauté pure. Ils étaient juste heureux, ils souriaient à la vie et la vie le leur rendait bien. Ils n'avaient ni passé, ni avenir. Seul le moment présent comptait. Carpe Diem !

Ils contemplaient les étoiles qui illuminaient, d'une douce lueur leur éphémère jeunesse durant des nuits incandescentes où les frémissements de leurs peaux et le rythme de leurs respirations étaient leur langage commun, leur langage secret. Il n'a jamais oublié son tout premier amour. Son souvenir a résisté à l'inévitable épreuve du temps et tel un joyau précieux, sa merveilleuse pépite de jade en a conservé tout l'éclat, soigneusement niché dans l'écrin de son cœur.

John regarde de nouveau son verre vide et accompagne, par de petits mouvements circulaires du poignet, la dernière danse des glaçons qui s'affolent désespérément au fond de son verre.

Les images ne cessent d'affluer et défilent vertigineusement sur l'écran de sa vie. Celles de ses enfants marquent la pause et apportent une cohorte de questionnements : *Que vont-ils devenir ? Les ai-je assez aimés ? Quels souvenisr de moi garderont-ils dans leur cœur ? Seront-ils heureux ?* Autant de questions sans réponse.

Combien de temps, combien de temps encore ? Des heures, des minutes, des secondes ? Combien de temps ?

— Combien de temps encore Charles ?

Soudain, la voix se manifeste et sort brusquement John de sa torpeur.

— Mon ami, tu commences à comprendre. Bientôt, tu accepteras ta fin sur terre. Et qui sait, peut-être la souhaiteras-tu ?

— Ah, tu es là Charles ! À vrai dire, tu me manquais.

Entendre John parler à son verre fait sourire le serveur.

— Retrouve-moi dans la salle sur la banquette beige, sous le tableau de Manhattan.

— J'te vois pas !

— Mais je suis partout mon ami ! Là, assis à côté de toi, mais tu ne me vois pas. Tu dois juste sentir ma présence et, pour être franc avec toi, je dois avouer que tes blagues me font sourire, maintenant que tu acceptes ta finitude. Si tu veux savoir, viens t'asseoir.

John commande un autre verre sous le regard de plus en plus inquiet du serveur.

Il se dirige vers l'emplacement indiqué en bousculant au passage un tabouret-bar haut perché sur lequel était assis un homme aux dents cariées et à l'haleine putride à laquelle se mêlait l'odeur suffocante de pieds crasseux. Il sirote tranquillement une bière Yuengling Lager.

John reprend le monologue entamé avec son verre, sous le regard noir du gars crasseux qui ne le quitte pas des yeux.

— T'es toujours là Charles ? Bon alors, tu accouches ! T'es nul, tu parles pour ne rien dire.

D'un seul mouvement et avec une surprenante agilité, l'homme taciturne à la carrure imposante se lève et, du haut de ses deux mètres, l'interpelle :

— C'est moi que tu traites de nul ? demande-t-il avec un fort accent texan.

— Non ! Non ! Je reluquais juste votre chapeau et je m'interrogeais sur la tête que j'aurais avec !

— Tu veux que je te refasse ta tronche de bouffon ?

—Pas besoin, elle me plaît comme ça ! Par contre, je peux arranger votre fente palatine !

— Ma fente quoi ? Mais tu te fous de ma gueule en plus, s'écrit le colosse soulevant John du sol en le saisissant sauvagement par le col de sa chemise.

— Je voulais dire, je peux arranger votre bec-de-lièvre ; je suis chirurgien esthétique. Je peux vous montrer ma carte de visite, bégaie John qui commence à étouffer tandis que le serveur essaie de les séparer.

Hulk le pose lourdement sur le sol. John se réajuste avant de lui tendre sa carte de visite imprimée 3D en lettres d'or qui termine - elle aussi - prématurément sa vie en confettis volants, tournoyant dans l'air avant de s'éparpiller joyeusement sur le sol, le décorant de minuscules paillettes dorées.

— Rien n'se perd, tout se transforme ! P... j'deviens écolo-alcoolo, ironise-t-il gaiement.

— Monsieur, nous n'avons pas averti la police, car vous êtes un habitué de notre établissement, mais, au prochain dérapage, nous n'hésiterons pas. Vous feriez mieux de rentrer vous reposer, lance le serveur.

— Pas de souci, je vais bientôt dormir pour l'éternité.

Il s'apprêtait à se lever lorsqu'il entend de nouveau la voix.

— Tu trouves encore les moyens de plaisanter.

— Alors, c'est quoi ce p... de SAS ? Y'a des femmes à l'intérieur ? Si je dois voyager dans le futur, ce serait sympa qu'il y en ait. Il paraît que la femme est l'avenir de l'homme.

— T'es un vrai comique. Je te l'ai dit. Le SAS permet de passer d'un univers à l'autre, voisin du tien. Mais tu es incapable de le voir, car il existe dans un type d'espace différent des trois dimensions de ta réalité quotidienne. Ce que vous nommez réalité n'est qu'une façon de voir le monde. La valeur de la vie n'est pas en sa surface, mais dans ses profondeurs, les choses vraies ne sont pas dans leur écorce, mais dans leur noyau. Le SAS est comme une étape intermédiaire, une antichambre qui ouvre la voie de la rédemption par une navette lumineuse entre la vie et le trépas. À ta naissance, ton âme abrite la pureté originelle de la création et ta venue sur terre n'est qu'un stage de perfectionnement qui a vocation à t'apprendre à t'aimer et aimer tes semblables. C'est la raison pour laquelle ta durée de vie sur cette planète, comparée à celle dans l'univers, est infinitésimale.

John l'écoute débiter son laïus, puis se lâche :

— C'est quoi encore ces conneries ! Pourquoi j'suis privilégié ? Pourquoi moi ?

— C’est un statut qui ne s’achète pas, mais qui se mérite. Notre échelle d’appréciation est simple : elle se fonde sur la loi divine et universelle qui consiste à faire le bien et de laquelle bon nombre d’entre vous se sont éloignés. Tu veux savoir ? Un privilégié est un « juste » parmi les humains qui accomplit toute action avec son cœur, sans rien attendre en retour, et à qui j’offre le privilège de poursuivre son voyage céleste.

— Alors là, il y a erreur sur la personne.

— Le hasard n’existe pas. Chaque circonstance de la vie est un cadeau pour nous amener à grandir davantage dans la lumière. Connais-tu l’univers, John ?

— L’univers ? Jamais entendu parler, sauf dans les films de la « Guerre des Étoiles ».

—L'Univers est l'ensemble de tous les astres, de toutes formes de vie et d’éléments, et plus généralement la matière qui compose le vivant en nous et autour de nous. Il est infini. Il est doté d’une force et d’une puissance inouïe et la science n’a pas encore réussi à en percer le secret. Aucune explication officielle. On sait juste que l’univers est intelligent, réactif et multidimensionnel. Il ne fonctionne pas comme une « grande machine », mais comme une « grande pensée » où la matière, l’énergie et la conscience ne font qu’un.

Les scientifiques à la recherche d'une théorie unifiée de l'univers ont oublié la plus invisible et la plus puissante des forces. - *L'amour est lumière, parce qu'elle éclaire le chemin de la vie. – Quand nous aimons, nous sommes l'Univers et l'Univers vit en nous. L'amour est gravité, car il crée l'attractivité entre deux personnes. L'Amour révèle et se révèle. L'Amour c'est offrir quelque chose à l'âme et au cœur, un élan, une vie, une inspiration. L'amour infini ne demande qu'à aimer sans rien demander en retour. L'amour c'est la joie qui est à l'origine de toute création. L'Amour est Lumière, il illumine ceux qui donnent et reçoivent cet amour. L'Amour est la puissance, car il démultiplie la meilleure chose que nous ayons et permet à l'humanité de ne pas s'éteindre dans son égoïsme aveugle. L'Amour révèle et se révèle. Par l'Amour, on vit et on meurt.*

— C'est ça ! C'est à peu près ce qu'a raconté tonton Albert avec sa fameuse équation.

— John mon ami. Dans le cadre de ses travaux de recherche sur la relativité qui ont abouti à la célèbre équation E=mc2, Einstein aurait mieux fait de la modifier par « l'amour multiplié par la vitesse de la lumière au carré ». Le résultat obtenu l'aurait assurément amené à la conclusion que « l'amour est la force la plus puissante qui existe », car elle n'a pas de limite. Ignorance des humains ...

Cette force explique tout et donne son sens premier à la vie. L'amour est la variable que vous avez ignorée, sans doute parce que vous en aviez peur. Vous l'avez laissé fuir par crainte des échecs ou des chagrins qui meurtrissent le cœur, parfois au fer rouge, ignorant que la douleur de ne pas aimer était bien plus insupportable. Alfred de Musset, tu vois qui c'est John ?

— Euh.... Un rappeur ?

— Pas exactement John ! Pas grave ! Je disais donc, Alfred de Musset ne s'inspira-t-il pas du drame qu'il vécut après sa rupture avec George Sand lorsqu'il écrivit cette prose devenue célèbre et qui prouve qu'aimer est la plus grande richesse de l'homme : *On est souvent trompé en amour, souvent blessé et souvent malheureux, mais on aime, et quand on est sur le bord de sa tombe, on se retourne pour regarder en arrière et on se dit : j'ai souffert souvent, je me suis trompé quelquefois, mais j'ai aimé. C'est moi qui ai vécu, et non pas un être factice créé par mon orgueil et mon ennui. Je suis enfin moi !* Après l'échec de votre monde dans l'utilisation et le contrôle des autres forces de l'univers, il est urgent que vous vous nourrissiez d'un autre type d'énergie. Si vous voulez que votre espèce survive, il est grand temps de trouver un autre sens à la vie. Si vous voulez sauver votre monde, l'amour est la seule énergie et l'ultime réponse.

—Ah ouais ! Et bien on est mal parti !

—Il subsiste une lueur d'espoir, John, puisque chaque individu porte en lui un petit, mais puissant générateur d'amour dont l'énergie ne demande qu'à être libérée. L'amour est tout, il est à l'origine de notre humanité. L'amour est la seule force que l'homme ne peut pas contrôler, c'est pourquoi il est si puissant ; l'amour est toujours vainqueur, il transcende tout et peut tout faire, parce que l'amour est la quintessence de la vie. De tous les combats que vous menez durant votre courte existence sur la terre, l'amour est la seule chose qui vaille la peine de se battre, mais pour toi, il est trop tard John, il ne te reste que quelques heures pour te racheter sur terre. C'est la condition non négociable si tu veux poursuivre ton voyage céleste. Dans le cas contraire, ce sera un trou noir pour l'éternité.

— LOVE à l'envers ça fait VÉLO l'enquêteur. Ils sont tous les deux casse-gueule. Je bois à l'amour !

John se lève de sa chaise en titubant, un verre à la main.

Le serveur s'approche, et lui ordonne de quitter l'établissement avant qu'il n'appelle la police. Mais John semble ne pas l'entendre, tant il est absorbé par son monologue avec Charles.

— Sympa comme programme ! Et c'est quoi les autres univers ?

Charles, à mi-chemin entre le professeur Nimbus et les frères Bodganov, se lance dans une explication magistrale.

— Je vais t'avouer un secret John. Ta conscience est unitaire et inféodée à ton corps matériel. Ton âme, elle, est plurielle, elle peut passer d'un monde à l'autre en franchissant un SAS. Elle est de nature curieuse et ne se contente pas d'un schéma de vie réducteur ; elle est avide de connaissances, d'expériences, elle se subdivise pour explorer d'autres univers. Ton âme fait partie du tout.

— L'ubiquité ! J'ai toujours rêvé de pouvoir être simultanément partout et de me rencontrer ! Je suis sûr que je passerais de chouettes moments avec mon alter ego, un face-à-face avec un autre moi, miroir au parfait reflet de mon génie. La perfection dupliquée, n'en déplaise à mon autre moitié imparfaite, la planche à pain au QI d'huître, sans la perle !

— Cherche ! En répondant à une question par une question, tu pourras résoudre quelques énigmes, jamais le mystère. Veux-tu quelques preuves récentes du parallélisme et comprendre cette incommunicabilité surprenante qui s'est installée entre Benjamin Hollingsworth, le Directeur de l'Hôpital Central de L.A où tu as l'occasion d'exercer, et toi ? Dans une autre sphère, c'est ton père avec qui tu entretiens des relations complexes et houleuses.

Et oui John ! Je continue ? Il y a trois semaines, tu as rencontré, lors de l'un de ces vernissages mondains où il est de bon ton de se montrer à L.A. – *the place to be* comme ils disent - une lumineuse et pétillante rousse qui contribue à sauver le monde d'un basculement magistral avec un certain Steve. Et bien, cette déesse aux cheveux flamboyants fut l'un de tes plus grands amours en 1932 à Londres.

John reste silencieux. Son visage, entre perplexité et stupéfaction, trahit une émotion qu'il ne peut cacher. Charles poursuit :

— Te souviens-tu de ces échanges très techniques au Los Angeles Center avec ce français qui avait fait ses études à Stanford ? Un certain Patrick avec lequel tu as pu discourir sur des centres d'intérêts communs et notamment évoquer les méandres inexplorés de la cyber sécurité. Et bien, il faut que tu saches que, de ces émanations, a jailli un bien étrange roman, dont tu es le personnage central. John, je te le répète, chaque monde est hermétique au précédent. Tu n'as aucune idée du monde parallèle qui est à proximité du tien.

— Euh...

— Aujourd'hui, tu es relié à la terre par la matière, la force de gravité et le magnétisme. Ces éléments ne te permettent pas de sortir de tes déplacements tridimensionnels.

Si tu franchis le SAS, tu découvriras qu'il existe des univers parallèles à celui où tu te trouves, dont tu ne peux soupçonner le contenu, et pourtant, ils sont à quelques mètres de toi. Sur l'un d'eux, Napoléon a gagné à Waterloo, sur un autre les dinosaures persécutent l'homme, sur un autre encore, ce sont les Russes qui ont posé le premier pas sur la lune et sur celui-ci, c'est l'Allemagne qui a gagné la Seconde Guerre mondiale. Ces mondes complexes et obscurs appartiennent au royaume du malin. Ils sont régis par la bête qui y règne et son armée est composée des âmes bannies ayant réussi à s'échapper d'un trou noir. Car malheureusement pour l'équilibre de l'univers, la bête a trouvé le moyen de récupérer ces âmes. Elle a même trouvé l'astuce de modifier leur ADN. Mais ceci est une autre histoire que j'espère bien te conter dans quelques heures.

— Une âme possède un ADN ? Ah oui, j'ai vu que c'était le nouveau cadeau à la mode : le test ADN ! Heureusement qu'Élisabeth ne me l'a pas offert pour mon anniversaire. Ouf, il s'en est fallu de peu. C'est cool ça, elles vont donc pouvoir se reproduire. Et on fait comment ? On échange des « 0 » et des « 1 » ? Le pied ! Je vois le truc, samedi prochain - selon le calendrier terrien - grande soirée organisée par tonton Lucifer et tata Cruella au *666 Univers Street*. C'est une occasion diablement tentante et ça va chauffer lahaut avec le Grand Orchestre du Splendid qui accueille les nouveaux arrivants avec leur chanson fétiche.

« ...

Horreur, malheur.

Oui, je suis Belzébuth (horreur).

Je suis un bouc, je suis en rut (horreur, malheur).

Oui, oui, oui, je vis dans l'ordure (horreur).

Je pue la sueur et la luxure.

Je fume, je bois, j'ai tous les vices.

Et j'ai du poil partout sur les cuisses.

Je vous déteste, je vous maudis.

J'suis complètement pourri.

C'est la, c'est la, c'est la

Salsa du démon.

... »

— Tu es un vrai comique dans ton genre. Il manque quelques couplets dans ta chanson.

L'information dont tu parles est un élément qui appartient à votre monde physique.

Celle-ci peut être effectivement copiée, instanciée pour être traitée par des machines. Mais crois-tu sincèrement que l'univers soit une salle d'ordinateurs ?

Pour ta gouverne tu n'as pas une âme : tu es une âme avec un corps comme véhicule terrestre, et ton ADN émet des biophotons et dispose de propriétés inter-dimensionnelles pour communiquer ses messages à travers l'univers.

— Comique ou Cosmique ? Ou alors Cosmétique ? Bon, alors pour moi, ce sera un aller simple pour un trou noir, s'il vous plaît, vénérable maître de l'univers !

— Tranquillise-toi John, il existe également des univers parallèles où l'amour y règne sans limite.

— Je suis rassuré, mais je suis comme Saint-Thomas, j'ai besoin de preuves.

— Tu en auras, tu en auras. Je te quitte, mais je ne serai jamais loin de toi.

— Dis-moi alors pourquoi nous n'avons jamais vu ceux qui nous ont quittés ? Et pourquoi ils ne sont jamais revenus nous dire comment c'était là-haut ?

— John, mon ami. Je te mets en garde ! Seules les âmes des privilégiés franchissant le SAS poursuivent leur voyage céleste. Les autres rejoignent le côté obscur de l'univers en devenant une énergie sombre ou une matière noire empêchant toute forme de rayonnement.

La lumière est la source de toute vie dans toute la galaxie et c'est grâce aux vibrations générées par la lumière que les âmes communiquent entre elles.

— Comme d'habitude tu réponds à côté !

— *Tu n'entends que ce que tu as envie d'entendre et tu ne vois que ce que tu as envie de voir*. Aussi vais-je te le répéter : tu ne peux pas les voir ni leur parler, car tu évolues dans un espace à trois dimensions (longueur, largeur et hauteur) alors que les âmes des privilégiés évoluent dans des univers parallèles à six dimensions, voire plus. Cependant, certains humains parviennent à ressentir leur présence et réussissent parfois à communiquer avec elles. Veux-tu que je t'apprenne ?

— Mouais, pas besoin, mon chat va m'expliquer !

— Tu as raison ! Il est plus intelligent que toi, il n'a besoin de personne pour vivre et d'ailleurs, tu n'as pas de chat. Et arrête de dire *là-haut* ! Fais un effort et essaie de mentaliser autre chose que les trois dimensions terriennes. Imagine, plus de dix puissances, cinq cents univers parallèles soit un chiffre à cinq cents zéros dont certains sont juste à côté de toi. Et comme tu parles de chat, souviens-toi de l'expérience du chat de Schrödinger.

— Tu fais dans l'humour à deux pennies maintenant ? Tu as décidé que je devais mourir, c'est à moi de déterminer comment !

— *Tic, le temps passe...*

— Elle me gonfle ta montre, et toi avec ! Tout ça, ce n'est qu'une superbe illusion culturelle. Comme ce pauvre chat de Schrödinger enfermé dans une boîte pourvue d'un hublot. Et dans un coin de la boîte, un atome d'uranium radioactif. La physique quantique affirmera que la boule de poils, avant observation, est vivant et mort à la fois.

— Bravo mon ami. Mais, as-tu réellement compris cette expérience?

Le regard vague, John se perd dans le labyrinthe de ses réflexions sur ce temps aussi volatil que les vapeurs d'alcool dans son verre de whisky.

Ecoute bien l'enquêteur et essaie de piger si tu peux.

— Le temps présent est un intervalle octroyé aux hommes, une distorsion du passé au millionième de seconde, dont la fonction unique est de nous mettre à l'épreuve avec intransigeance. Le passé est notre contentieux, son rôle est de nous remémorer notre responsabilité au cours de notre passage ici-bas. Quant à l'avenir, il permet en apparence quelques projections. C'est un agitateur circonstanciel à duperies multiples dont le seul but est de nous bousculer en nous rappelant notre modeste condition humaine. Rappelle-toi que les trois termes utilisés pour définir le temps – passé-présent-futur se confondent. Tout notre quotidien est bâti sur l'illusion du temps, d'un passé et d'un futur ; nous passons beaucoup de temps à souffrir de notre passé et à nous inquiéter de notre futur, alors que la seule réalité est le présent. Seul l'instant présent est vraiment réel. Le présent est la porte d'or. Le temps est si éphémère que ce que je vais te dire fait déjà partie du passé, et le futur est ce à quoi je pense quand je réfléchis à ce que je vais dire ensuite.

T'as pigé Monsieur l'enquêteur des brigades de chez pas quoi !

— Tu n'as pas tort John. *L'être humain est le promoteur de ses propres difficultés*, en faisant sienne la philosophie du « toujours plus ». Il emploie une grande énergie négative et hypothèque les chances de poursuivre sa vie cosmique.

La destinée est une arborescence céleste complexe où l'individu perd le fil de sa propre histoire par transformation permanente de son état. *Le premier domino qui bascule sur le grand échiquier de la vie n'a pas conscience de l'effondrement imminent de la pyramide en aval.*

— La vache ! Je vais encore me farcir des cours de philo là-haut. Bon, en tout cas, vous n'êtes pas très futés dans votre univers ; je vais te la faire simple : *le présent est pour les rêveurs, le passé pour les receleurs et l'avenir pour les moqueurs* et toi l'enquêteur, tu es hors concours, hors du temps devrais-je dire, inclassable ! Ou plutôt, si ! Le passé et l'avenir forment un binôme qui raisonne par l'absurde. Et toi, tu appartiens à la catégorie des emmerdeurs de première classe au présent ! Mais ce que tu me proposes est chouette, je vais y réfléchir.

— *Nosce te ipsum* (connais-toi toi-même) mon ami. Mais attention, tu es juste un privilégié sans garantie de pouvoir poursuivre ton voyage vers un autre univers.

— Ah bon ? Ce n'est pas la garantie « satisfait ou remboursé » ? Tu me prends vraiment pour une truffe ! Tu réussis à tromper ton petit monde de naïfs avec tes conneries sauf que moi, j'ai le flair d'un éléphant et ton truc, ça pue l'arnaque !

Après cette conversation aux allures de monologue, John regarde autour de lui, sa vue est troublée, ses forces diminuent, sa tête tombe sur la table.

Je dois dessoûler et vite, se dit-il dans un éclair de lucidité. Il appelle avec beaucoup de difficulté le serveur plus énervé que jamais par l'attitude de ce client.

— Pouv… Pouv. Pouvez-vous me… préparer une soupe chaudeeeeee ?

— Ouais et ensuite vous quittez l'établissement.

Après deux assiettes de potage au goût insipide et un passage obligé par les latrines pour vider son estomac, John, le visage blême, quitte le *House of Blues* et rejoint son cabriolet en fredonnant une veille chanson française d'un certain Serge Reggiani : *Le temps qui reste.*

Combien *de temps... Combien de temps encore ? Des années, des jours, des heures, combien ? Quand j'y pense, mon cœur bat si fort.*

Mon pays c'est la vie. Combien de temps... Combien ? Je l'aime tant, le temps qui reste... Je veux rire, courir, pleurer, parler. Et voir, et croire, et boire, danser, crier, manger, nager, bondir, désobéir. J'ai pas fini, j'ai pas fini. Voler, chanter, partir, repartir, souffrir, aimer.

7.

… Après acceptation de l'évidence vient le temps des souvenirs…

À bord de sa Ferrari 458, version décapotable, pour lequel il voue une véritable passion, John roule sur la Route 101 en direction de Crocker Street au sud. Grisé par la vitesse, sifflotant un air *du temps qui reste,* et encore sous l'effet de l'alcool très présent, il ne prête guère attention à l'environnement jusqu'au moment où il voit débouler à sa hauteur une camionnette noire. Vitres teintées ouvertes, l'individu côté passager lui somme de s'arrêter tout en pointant un gros calibre au niveau de son visage.

John s'arrête sur la bas-côté de la route.

—Sors de ta caisse mec et fait pas le mariole ; T'en as une chouette bagnole cousin, mais tu n'as pas une gueule à la conduire.

— Vous voulez quoi ? Réponds John en reculant de trois pas. Hé vous entendez, Monsieur demande ce qu'on veut ?

L'un deux s'approche de lui et sort un Glock 17 dissimulé à l'arrière de son ceinturon. Vive le 2e amendement et la *concealed carry*, qui autorise chaque citoyen américain à porter une arme sur lui de manière discrète. Pourquoi se gêner !

Il pointe le canon de son arme à quelques centimètres de son visage, le doigt crispé sur la détente et d'un ton calme avec un fort accent mexicain, lui balance :

— Calmos cousin. T'es trop lourd. Je vais t'alléger. Envoie les clefs de ta caisse et ta grosse bagouse.

John obéit, ses gestes sont lents.

— Remue-toi, p... ! Je n'ai pas qu'ça à foutre !

Lorsqu'un type de cent trente kilos armé dit quelque chose, un type de soixante-huit kilos l'écoute.

— Attends Rockefeller, ce n'est pas fini, balance les biftons que t'as sur toi. Et grouille-toi je suis susceptible ! T'as de la chance ce soir cousin, tu ne repartiras pas totalement nu, j'te laisse ton costard de pingouin et ton iPhone - je n'aime pas les pommes. Une dernière chose, t'as pas intérêt à trop parler de nous aux flics, sinon je reviendrai t'arranger ton nœud papillon de cravate ! T'as capté ou je te la refais au ralenti cousin ?

John hoche la tête comme un robot.

L'homme fait ensuite volte-face pour se diriger vers son nouveau bolide payé cash, fendant l'air d'un geste de la main en signe d'au revoir en lui balançant :

— Ne me remercie surtout pas cousin, j'ai toujours eu bon cœur avec les friqués de ton genre. Surtout, continuez à magouiller. Nous les misérables, on a besoin de vous les nantis !

Décontenancé, paumé au milieu de nulle part, John regarde la voiture s'éloigner, musique à fond.

— On ne dit pas nœud papillon de cravate, pauvre tache. Et t'as oublié mon portefeuille et mon Apple Watch ! Ma bagnole, c'est cadeau du Docteur Jekyll & Mister Hyde ! Et n'oubliez pas de passer à la pompe, bande de nazes !

Les feux arrière de sa Ferrari ne sont plus qu'un lointain point lumineux à l'horizon. Le silence a repris ses droits sur cette route totalement déserte où seuls ses pas sur l'asphalte se font entendre.

Au milieu de la nuit, la brise câline s'est métamorphosée en coup de vent rude et sauvage. Il allume la lampe torche de son portable pour y voir un peu plus clair. Ayant recouvré ses esprits, il se met à gamberger.

« Si je téléphone aux flics, ils vont m'envoyer une de leur patrouille et me poser tout un tas de questions puis ils m'emmèneront dans leurs locaux pour prendre ma déposition. Ça va durer une plombe. En plus, il va falloir que je trouve un scénario qui tienne la route. Ensuite, ils me proposeront gentiment de contacter quelqu'un pour qu'il vienne me chercher. Mais tout cela n'a plus d'importance, pas vrai Charles ? »

Il opte pour appeler une compagnie de taxi. Le réseau téléphonique passe mal. Après plusieurs tentatives, il active par mégarde la fonction timer de son Apple Watch et découvre avec effroi le nombre 480 sur le cadran lumineux. Il lui faut plusieurs minutes avant de comprendre que le timer affiche le temps, restant avant le SAS. Mes quatre cent quatre-vingts dernières minutes, se dit-il, en repensant à la voix.

John réussit à réserver un taxi à La Checker Cab Company.

Moins de cinq minutes plus tard, une voiture jaune et bleu s'arrête à côté de lui. Il m'attendait se demande-t-il. Le chauffeur, un grand homme au visage ovale éclairé par de grands yeux bruns, avec une casquette de New York City vissée sur la tête, l'invite à monter.

—Bonsoir M'sieur, qu'est-ce que vous faites tout seul à une heure pareille dans le désert sous cette pluie mordante ? Vous avez eu des problèmes M'sieur ?

— La routine mon ami, la routine.

— Vous êtes plutôt cool M'sieur !

— On peut dire ça ! On vient juste de m'emprunter définitivement ma voiture.

— Je vous dépose, M'sieur ?

— Direction Crocker Street. Et puis appelez-moi John.

— Cool ! Moi c'est Carolus M'sieur Mes parents étaient bizarres, lance le chauffeur dans un éclat de rire qui fait sourire John.

— Allons-y pour Carolus, il évoque le prénom de ma fille Caroline.

Au fur et à mesure, que la route défile, Carolus ne cesse de parler de ses conditions de vie et de son logement minable qui menace à tout moment de s'effondrer. Il semble posséder un sens très précis des réalités sociales en exprimant son point de vue sur la pauvreté et cette inégalité toujours croissante qui génère un sentiment d'échec. Pour beaucoup de ses frères, le rêve d'une vie respectable a été remplacé par une lutte obstinée pour une survie primaire au quotidien.

John ne dit plus un mot. Son esprit est ailleurs. Sur son visage les larmes coulent le long de ses joues.

Perdu sur cette route au milieu de la nuit, il cherche un réconfort en téléphonant à sa femme. Elle finit par répondre.

— T'as le culot de m'appeler ! Te rends-tu compte de ce que tu nous as fait ? Hurle-t-elle.

— Laisse-moi t'expliquer et arrête de gueuler !

— On ne parle que du Docteur Jekyll & Mister Hyde à la radio et sur toutes les chaînes de télévision !

— C'est super ça !

— Stop tes conneries, elles ne me font plus rire ! Le pire, c'est que je t'ai épousé par amour. Tu faisais tout le temps le con, t'étais drôle, je m'éclatais… J'adorais être avec toi… Il m'a quand même fallu un sacré bout de temps avant de comprendre que tu n'étais juste qu'un loser et sans aucun doute le leader de ta chorale… Je ne t'aime plus depuis longtemps. J'ai une bonne et une mauvaise nouvelle pour toi. Je te quitte !

Élisabeth se pâme d'un rire rauque, soulagée d'avoir vidé son sac.

— C'est quoi la moche, la crapoteuse, la nullissime, la désagréable, la détestable, la mauvaise nouvelle ? demande John d'un ton ironique.

— Tu fais encore le malin, ça va te passer. Je vais te mettre sur la paille ! Avec ta tête de vieux beau qui cherche toujours à séduire, sans réaliser que le temps passe. Tu n'auras même plus ta Ferrari pour promener tous les châssis dont tu as retapé la carrosserie.

— Ma Cosette chérie, j'aimerais bien être d'accord avec toi, mais nous serions deux à avoir tort, car serais-tu frappée d'amnésie au point d'en avoir oublié que nous avons un contrat de mariage ? Et dans le pays où il y a autant d'avocats que de requins dans la mer, ce genre de détail ne se néglige pas. Ne te souviens-tu pas que lorsque je t'ai épousée, tu avais juste un tablier de cuisine, sans la toque, et un service de tasses en porcelaine ébréché ?

*

— Des soucis M'sieur John ? demande Carolus d'un œil attendri.

— Non, non, on veut juste m'emprunter une nouvelle fois ma voiture. Savez-vous pourquoi les voyous préfèrent les bagnoles italiennes ?

— Non !

— Avez-vous déjà essayé de refourguer au marché noir les jantes d'une Lada ?

*

En roulant sur *Crocker Street*, John observe les mêmes immeubles qu'il y a dix ans, taudis minables et insalubres collés les uns aux autres. Des façades recouvertes de graffitis, des fenêtres murées, les mêmes entrepôts délabrés qui abritaient d'anciennes usines de textile. Il revoit les venelles transversales où l'on accède par des passages couverts et où la vétusté et la saleté dépassent l'imagination ; on ne voit pour ainsi dire pas une seule vitre intacte, les murs sont lépreux, les chambranles des cadres des croisés sont brisés ou descellés, les portes quand il y en a, sont faites de vieilles planches clouées ensemble. Ici même dans ce quartier de cagoulards, les fermer serait inutile puisqu'il n'y a rien à voler. Partout des tas de détritus et de cendres. C'est là qu'habitent les plus pauvres des pauvres, les travailleurs les plus mal payés, les cambrioleurs, les escrocs et les victimes de la prostitution.

Ce secteur est le royaume des clodos, des putes à dix dollars et des petites frappes.

Et pour cause, nous sommes à quelques encablures de Skid Row, le quartier de Los Angeles rendu tristement célèbre par sa renommée de capitale américaine des sans-abri.

— Arrêtez-vous là s'il vous plaît, c'est ici et attendez-moi, je n'en ai pas pour longtemps.

Il se gare en face d'un vieil immeuble de deux étages en brique rouge, datant de la prohibition.

— Pas de souci, c'est vous le patron, M'sieur John.

Rien n'a vraiment changé, pense-t-il regardant autour de lui tandis qu'il descend du taxi. Dans ce quartier sans âme, le *street art* a envahi les façades des bâtisses. Les chats et les chiens errants semblent être les mêmes. Des tags sur les devantures sont tellement serrés qu'on ne distingue plus la couleur d'origine. Il s'arrête net et observe une surprenante vanité (œuvre de l'art urbain qui tend à rappeler la vanité des choses de ce monde par la représentation d'un objet éphémère ou qui se consume) aux dimensions colossales qui assurent à l'artiste une visibilité inratable de son œuvre. Ses yeux sont hypnotisés, ses paupières figées. Il ne parvient pas à détacher son regard du gigantesque sablier représenté sur la face latérale d'un immeuble de quatre étages et qui lui martèle, une fois encore, l'imminence de sa fin.

En contrebas, un graffiti indique que pardonner c'est cicatriser une blessure. Tout à côté, il aperçoit du coin de l'œil, les contours encore bien nets d'un dessin que son ami Joe avait peint à la bombe aérosol lorsqu'ils étaient encore adolescents. La schématisation visuelle symbolique de la lutte, version œuvre d'art minimaliste : le poing levé, éternel, universel et intemporel.

Lutter ? D'accord avec toi Joe, mais contre qui ? Il est où mon adversaire ? songe-t-il tandis qu'il pénètre dans l'immeuble de son enfance.

Il pousse le hall de la porte d'entrée et arrive devant l'escalier où règne une odeur de moisi et d'urine acide qui soulève le cœur. Des plaques de crépi gorgées de salpêtre s'effritent. Le décor est planté. Un endroit paumé sur fond de chômage et de cocaïne.

John frappe à la porte. Pas de réponse. Il insiste.

— Il y a quelqu'un, il y a quelqu'un ? lance-t-il en cognant.

Il entend du bruit à l'intérieur. Ai-je eu raison de venir ? se demande-t-il.

— Qui est là ? J'veux rien !

— C'est moi, John.

Un stress indéfinissable l'envahit.

— C'est moi John, répète-t-il.

Il entend le cliquetis d'un imposant trousseau de clés, puis l'une après l'autre, les serrures s'ouvrent.

Pire qu'à la Réserve Fédérale Américaine (FED) songe-t-il, tandis que le sang bat furieusement contre sa tempe. Qu'est-ce que je fous-là, Charles ?

*

La porte s'ouvre et une femme brune, d'une soixante-dizaine d'années à la personnalité déterminée apparaît. Elle semble fatiguée des turpitudes de la vie et son allure impudique et avachie n'incite pas vraiment à la gaieté. Elle le fixe quelques instants avant de lui balancer une gifle à lui décrocher la mâchoire !

— T'as vu l'heure ? Celle-là, c'est pour te rappeler que tu as une mère.

John la dévisage, nullement surpris par son accueil toujours aussi chaleureux. En observant d'un regard furtif son rouge à lèvres qui déborde, ses cheveux rassemblés en un chignon plus noir que son mascara, sa robe en latex lui arrivant en haut des cuisses, ses bas résille qui sont une atteinte à la dignité et son décolleté vertigineux, il se demande encore ce qu'il fait là.

— Bah alors, je n'ai même pas droit à un p'tit béco ? T'as honte de ta mère Jessie ?

Pas vraiment, juste que le carnaval est en avance sur le calendrier dans le quartier, pense-t-il en effleurant sa joue d'un baiser.

— J'espérais bien te revoir avant de rejoindre ton soûlard de père en enfer, il avait fini par boire de l'éther. Je suis certaine que même là-haut, il a réussi à trouver un bistrot. Je te rappelle que l'on a qu'une mère.

Il préfère ne pas répondre aux insinuations concernant son père ; il sait comment cela se termine.

— Et si c'était moi qui allais en enfer le premier ? Bon, je reste sur le palier ou je rentre ?

Ne dis pas de bêtise ou tu vas en reprendre une.

Les questions fusent, il y a tellement longtemps.

— Assieds-toi là, tu veux boire quelque chose ? Je suis contente, plus de dix ans que je ne t'ai pas vu. Parle-moi de toi. Les enfants ont dû grandir. Qu'est-ce qu'ils font ?

Je suis fière de toi mon fils, j'ai lu dans USA Today California que tu étais l'invité spécial du MTV Movie Awards. Il paraît que tu vas faire un discours !

— Il semblerait que j'ai déjà prononcé le discours ! John John fait des études de médecine et Caroline... Euh... Elle travaille dans la mode.

— Tu dois être heureux. Et ton ami Warren ? A-t-il enfin réussi à trouver une femme ?

— Warren a disparu du jour au lendemain sans laisser la moindre trace. J'ai contacté les autorités : rien ! On se connaissait depuis l'école primaire. Nous avons grandi et fait les 400 coups ensemble. C'était le bon temps. J'avoue que je me demande souvent ce qu'il a bien pu devenir. Mais, discutons d'autres choses. Parle-moi de mon enfance, et dis-moi quel gamin j'étais plus jeune ?

Sa mère le fixe surprise.

— Pourquoi veux-tu savoir ? Tu étais différent de ton frère Adam. Sa venue au monde fut le plus beau jour de ma vie. Quand il est né, quelque chose s'est dégagé de son regard, c'était magique. Je l'ai désiré . Toi, l'aîné, tu as été un accident.

On ne peut pas dire que ton père savait se retenir, comme avec l'alcool d'ailleurs. Qu'est-ce qu'il était beau ton frère à la naissance avec ses cheveux noirs bouclés. Ça a été un vrai cadeau du ciel, mon chouchou. Dans *Fashion District*, le quartier où nous habitions à l'époque, ton frère était si agréable que toutes les filles lui couraient après.

Toi, tu pleurais toujours, tu étais agressif et tu te cachais la plupart du temps sous la table lorsque nous recevions des invités pour dîner et, chaque fois qu'il y avait une bêtise de faite, j'étais sûre que c'était toi. Quand on s'est séparé avec ton ivrogne de père, ton frère est resté près de moi pour m'aider. Et aujourd'hui il continue à le faire.

— Quel fils proche et attentionné tu as maman. Un véritable ange gardien !

— Ne te moque pas de lui ! Sais-tu qu'il m'envoie chaque mois mille dollars et pour Noël et mon anniversaire, j'ai rituellement droit à un joli cadeau. Il m'a même acheté une télévision grand écran. Oui c'est un ange ton frère. Tu ne veux toujours rien boire ? Parle-moi de toi.

— Non merci, pas soif ! Moi ? C'est inlassablement la même rengaine, j'essaie de transformer des seins en compote... en poires, en me faisant un max de dollars au passage.

— Tu as toujours été drôle John, tu es vraiment différent de ton frère.

— Oui je sais, j'suis le vilain petit canard, avec une boule rouge sur le nez, qui se cachait sous la table et que tu avais oublié. Mais là, je dois y aller, j'ai des affaires urgentes à régler à la clinique.

— Mais qu'est-ce que j'ai fait au bon Dieu pour avoir un fils pareil. D'abord, tu disparais pendant dix ans sans la moindre explication ni le moindre signe et ensuite tu débarques sans plus d'égards. Tu n'as pas envie de rester encore un peu ? T'es vraiment comme ton ignoble de père, tu ne tiens jamais en place.

John, le cœur au bord des lèvres, enrage.

— Oui papa buvait, oui c'était un soûlard. Il préférait être dans un état d'apesanteur pour oublier le monstre et la femme légère que tu étais. Papa n'a jamais passé l'éponge sur le tatoué qui revenait du Bataillon d'infanterie d'Afrique « le Bat Af » et qui te racontait qu'il avait mangé des vipères à cornes. Tu es tombé dans ses bras quand il t'a promis du rêve avec son oasis sous le soleil couchant gravée sur le dos. Oui papa a sombré définitivement dans l'alcool pour oublier.

Lorsque j'étais jeune, chaque année, il fallait déménager, car cela finissait toujours en guerre de tranchées entre toi et tes amants. Alors, je changeais d'école et je perdais tous mes amis.

Lorsqu'il a été emporté par la cirrhose du foie, pourri de l'intérieur, il pesait moins de quarante kilos. J'étais présent lorsque les agents des pompes funèbres sont venus chercher son corps. J'ai entendu ses os craquer comme de vulgaires branches de bois mort. Ce bruit résonne toujours en moi tout comme je n'ai jamais oublié ses gémissements, ses râles qui couvraient tout l'appartement, ses yeux qui se rouvraient et la terreur qu'on y lisait. Toutes ces images hantent mes nuits !

— Ton père était apathique, sans ambition. Lorsqu'on le frappait sur la joue droite, il tendait la gauche.

— Non, papa n'a jamais manqué de volonté. Il avait la niaque. Il était fier, seulement toi, tu l'écrasais, tu l'humiliais devant toute la famille qui savait que tu le trompais. Papa manquait d'amour tout simplement. Mais il n'y avait que toi et ta petite personne qui comptaient. Ah ! j'oubliais il y avait aussi mon beau frangin.

John n'a pas fini de terminer sa phrase qu'elle saisit le verre posé sur la table et le lui jette à la figure. Il l'esquive tout en le regardant s'éclater contre le mur.

— Raté !

Folle de rage elle lui fonce dessus et le griffe au visage en criant :

— Sors de chez moi et ne reviens plus jamais !

— Je me suis toujours douté que ma venue sur terre était un « accident », mais c'est mieux de le savoir.

Voilà pourquoi j'ai quitté définitivement la maison à quinze ans et demi la rage au ventre, résolument décidé à rompre avec cette vie que tu me faisais subir ! Aucune inquiétude, je ne reviendrai plus, j'étais juste venu te dire... je t'aime maman.

John quitte l'appartement sans se retourner, en refermant à jamais la porte de son enfance meurtrie, mais soulagé d'avoir pardonné.

En sifflotant la mélodie du refrain du Roi Lion : C'est l'histoire de la vie, le cycle éternel - Qu'un enfant béni rend immortel - La ronde infinie - De ce cycle éternel - C'est l'histoire, l'histoire de ma vie...Il se dirige vers Carolus qui attend assis dans son taxi, apaisé, le cœur, allégé du poids de la rancœur.

La voix se fait de nouveau entendre.

— Pourquoi n'as-tu pas dit à ta maman que c'était toi le généreux donateur qui lui envoyait mille dollars chaque mois et qui lui faisait de jolis cadeaux, dont cette magnifique télévision ?

Dis-moi, crois-tu que cela t'autorise à parler ainsi à ta mère quoiqu'elle ait pu faire dans le passé ?

Mais je vois que tu progresses John, tu as pardonné. La relaxe ne change pas le passé, mais il élargit l'avenir même si pour toi, cela ne change rien, car ton avenir ne sera bientôt plus.

— On conserve toute sa vie les séquelles des traumatismes de l'enfance comme une balafre. On reste vipère au poing en permanence sur la défensive. Sous de fausses allures de justice, on devient conquérant pour réduire l'angoisse, la tristesse, l'humiliation, les sentiments de vide, d'abandon, de rejet, le désespoir, la honte. D'autres se réfugient dans des paradis artificiels comme l'alcool, le sexe, la drogue, le jeu, les sports extrêmes ou toute autre forme de fuite en avant qui permettront de tenir la dépression à bonne distance ou de ne pas sombrer dans la folie. Les parents lèguent parfois, sans réellement s'en rendre compte, un lourd héritage qui impacte la vie de leur progéniture par des problèmes répétitifs tout au long de l'existence. Bon et si on passait à autre chose ! Maintenant qu'on est potes Charles, j'aimerais que tu m'offres un délai supplémentaire. Une semaine, un mois, une année, non c'est petit joueur ça. Cinq ans ! Cinq ans c'est correct pour toi Charles ? En échange, je te promets de faire l'amour avec ma femme.

C'est très simple, je penserai aux préliminaires et je ne me mettrai plus en mode marteau-piqueur d'entrée de jeu.

C'est vrai que « pilonner » pendant toutes ces années, n'a pas fait de moi un dieu du sexe. Je prendrai plus de temps à la déshabiller, à l'embrasser, à la caresser. Tu vois, j'suis prêt à faire beaucoup. Tape-là si t'es d'accord !

— Ta mère a raison, t'es un vrai bouffon dans ton genre, mais ça te passera lorsque nous nous rencontrerons.

— Je ne souhaite pas te fâcher mon ami , mais je ne suis pas spécialement pressé de faire ta connaissance. Et puis, je ne voudrais pas te faire perdre ton temps.

— Je croyais que l'on ne pouvait pas le perdre !

— Mais tu lis dans toutes mes pensées ?

— Avant même qu'elles ne t'effleurent.

— Waouh, mais c'est super ! On pourrait monter un business ensemble à L.A. 50/50, ça te va ? Moi, je t'amène les starlettes et toi, tu leur racontes tes conneries. Qu'en pense l'enquêteur ?

— Le décompte s'arrêtera à la fin de ta traversée du SAS. Je te le répète, puisque tu ne sembles pas avoir compris.

Il n'y aura que deux options : tu seras enfermé dans un trou noir ou tu poursuivras ton voyage cosmique vers un autre univers.

— Je suis déjà dans le SAS ? Depuis mon premier message devant le miroir. Mais alors je suis déjà mort ! Dis-moi, Charles.

— Je croyais que tu avais compris. A bientôt John.

Tic, le temps passe...

*

John retrouve Carolus et son taxi.

—Nous allons où M'sieur John ?

—Roulez !

Ils se fixent dans le rétrovieur.

—Croyez-vous aux signes de l'univers M'sieur John ?

— Je crois juste ce que je vois, le reste, c'est bidon !

— Vous avez tort ! Un signe est un événement qui tente de nous guider en nous envoyant des messages pour nous aider à faire des choix. Peu de personnes arrivent clairement à les percevoir.

— Ah ouais ! Et il n'aurait pas pu m'avertir que j'allais me faire « emprunter » ma bagnole ?

— Il y a longtemps, M'sieur John, j'étais comme vous, je n'y croyais pas et puis j'ai rencontré quelqu'un pour qui l'univers n'avait aucun secret. Il m'a assuré que l'être humain n'était pas seul dans ce monde.

Il m'a précisé qu'il était entouré par une grande équipe lumineuse que l'on surnomme les anges gardiens. Ces derniers sont des entités non physique d'une toute autre dimension qui vibrent à une fréquence complètement différente de la nôtre.

Nous ne sommes pas toujours en mesure de les entendre, ni de les voir, ni de les comprendre. Voilà pourquoi ils utilisent différents stratagèmes pour réussir à nous faire passer des messages.

— Boire ou boire, il faut choisir !

— Cela peut vous sembler totalement incroyable, mais c'est pourtant réel. Et Je ne bois plus d'alcool depuis longtemps. C'est souvent d'ailleurs en vain que l'univers entre en contact avec nous, car peu d'entre nous sont en mesure d'interpréter ces signes. Mon ange gardien m'a dit, votre cœur est la porte de l'univers. Dans un premier temps, vous devez améliorer votre sensibilité, développer votre empathie et vous ouvrir aux autres. Les hasards n'existent pas, M'sieur John, c'est tout simplement de véritables signes.

Cela peut se traduire par des prémonitions, des révélations ou encore des voyages astraux.

— Ça doit être la fête de la sainte connerie aujourd'hui ! Qu'est-ce que j'en entends depuis ce matin !

— M'sieur John, je vais vous raconter deux histoires qui se sont passées dans ma vie.

— Cool.

—Il y a quinze jours pour être précis, un de mes frères très croyant, décide de faire des prières de protection divine, car il avait senti de très mauvaises vibrations et des pressentiments néfastes à son égard. Il a donc imploré un signe pour savoir s'il ne se trompait pas, car il avait un doute sur l'occultisme. Le soir même, en se rendant au centre commercial, pratiquement à la fermeture, il a trouvé une petite médaille de Saint-Benoît par terre avec les inscriptions :

V. R. S. (Vade Retro Satána) : « Arrière, Satan »

N. S. M. V. (Non Suáde Mihi Vána) : « Ne viens pas me conseiller tes vanités »

S. M. Q. L. (Sunt Mála Quae Libas) : « Le breuvage que tu verses est le mal »

I. V. B. (Ípse Venéna Bíbas) : « Bois toi-même tes poisons »

PAX : Paix

Ce médaillon concerne justement la lutte contre les forces du mal spécialement indiquée contre les travaux occultes, et ce grâce à l'intercession de saint Benoît.

D'après ses recherches, la médaille de Saint-Benoît se bénit chaque vendredi, jour où cette dernière a été trouvée.

Une énergie mystérieuse a agi et l'a guidé jusqu'à cette médaille qui n'est pas courante et qui ne se vend pas en bijouterie. Quelle probabilité avait-il de la découvrir le soir même de ses interrogations ? Mais le plus incroyable est le signe de synchronicité, car quelques jours après, il est sorti miraculeusement d'une très grave intoxication alimentaire. Je vous rappelle l'inscription sur cette médaille dont l'interprétation se trouve plus haut « bois toi-même tes poisons » qui est la traduction de « Ipsé Vénéna Bibas ».

Le jour où il demandait de l'aide, lui qui avait besoin de certitudes quant au fait que l'on ne l'attaquait pas, ce symbole répondait exactement à sa question. Cette médaille l'a protégé d'un empoisonnement, car qui dit intoxication, dit envenimation.

— Désolé, je n'ai jamais trouvé de médaillon.

—Une autre histoire qui va vous paraître incroyable M'sieur John c'est mon petit frère, à l'âge de 9 ans, il est tombé d'un échafaudage du troisième étage. La veille ma mère a rêvé du parrain de mon frère, décédé très jeune d'un accident de voiture, elle a rêvé qu'elle se rendait sur sa tombe.

Sur sa sépulture, à la place de la photo de Jacques mon oncle, c'était la photo de mon frère. Le lendemain je me rappellerai toujours de ce jour-là, j'étais pourtant jeune, on repartait de chez ma tante, il y avait un échafaudage derrière l'immeuble où mon frère jouait, il avait demandé à ma mère de rentrer plus tard pour rester avec ses copains, car il aimait faire la course avec ses amis sur ce satané étagement. J'ai eu comme un signe, je savais en partant qu'il allait tomber. Le téléphone à sonné, je savais que c'était ma tante, pour annoncer que mon frère était tombé du troisième étage, face contre terre. Il est resté dans le coma plusieurs jours et a dû subir une chirurgie de la mâchoire avec un nombre incroyable de greffes.

À l'époque, les médecins lui donnaient une chance sur 100 de rester vivant et une chance sur 100 de ne pas être paraplégique, il a eu ces deux chances et les mots des médecins ont clairement dit à ma mère que c'était un miracle. Le miracle ce fut mon oncle défunt qui avait prévenu ma mère, par le biais d'un rêve prémonitoire et je suis convaincu que c'est lui qui l'a protégé depuis l'au-delà en adoucissant sa chute.

Ne doutez jamais de l'existence d'une force divine. Bien plus puissante qu'on ne peut l'imaginer.

*

John, complètement avachi au fond du taxi, en « mode » recherche dans ses souvenirs, se rappelle qu'il y a quelques jours, il réfléchissait à l'idée de reprendre des cours de yoga. En rentrant chez lui le soir, il tomba sur une publicité, de celles qui envahissent par centaine nos boîtes aux lettres, qui annonçait l'ouverture d'un club de hatha yoga, flambant neuf, situé à proximité de sa clinique.

Au cours de la soirée, son ami 95 lui téléphona pour lui conseiller de se mettre au yoga, l'assurant des bienfaits de la méditation en position du lotus, conseil d'ami qu'il justifiait au regard de son étonnante agitation et de sa minable prestation sur le green. Il n'avait jamais fait la relation jusqu'à présent puisque, comme toujours, il entend ce qu'il a envie d'entendre et laisse tomber le reste.

— Vous n'arrêtez pas de regarder votre montre M'sieur John comme si votre vie en dépendait. Nous allons où ?

— Sunset Boulevard.

Carolus joue du piano avec ses doigts sur le volant de la voiture en écoutant la musique.

— Vous aimez les mélodies, M'sieur John ?

— Oui, surtout Haendel.

— Vous aimez le baroque musical ? Ah, Haendel et ses onze opéras.

Leurs regards qui en disent long se croisent dans le rétroviseur.

John repense à sa mère.

L'unique image qu'il a conservé, enfouie au plus profond de lui, est celle d'une mère détestable… qu'il aimait. Il aurait pu faire un bout de chemin avec elle, mais il a choisi de l'ignorer pendant plusieurs années. Une larme coule sur sa joue tandis qu'il entend le son de sa propre voix résonner dans sa tête.

*

Tic-tac, Tic-tac… à songer à l'horloge du temps, me viennent anarchiquement en tant qu'auteur, mille moments sans correspondance qui surgissent et s'installent apparemment en désordre, mais avec autorité dans ma pensée, puis s'ordonnent pour ne retenir que des souvenirs primordiaux.

À l'instant, me posant la question de l'horloge, je suis inondé d'images dont le seul lieu est l'exactitude du tempo. Naissance de mes enfants, 13h15, Minuit 10 - Papa est mort à 7h30 et maman à 18h25 - Il est minuit Docteur Schweitzer.

Je suis né à 22h17 un certain 26 avril, mais on me déclara le 27. Dès mon arrivée sur terre, il y eut un problème avec le temps !

L'heure de ma mort ? Adressez-vous au légiste et surtout, ne venez pas cracher sur ma tombe, il n'y en aura pas ! Et toc !

Mon TGV est à 6h30 ! Le temps, le temps, le temps n'est rien d'autre, le tien, le mien, celui qu'on veut nôtre.

J'ai définitivement fermé la porte de mon job à 18h45 pour prendre le chemin de la retraite. Enthousiasme que je n'hésite pas à qualifier de radieux ; ce matin au lever, j'avais vingt ans. Qui peut dire où cette nouvelle route va me mener ? Seul le temps...

Machinalement, j'accomplis les premiers gestes qui me ramènent à la réalité de mon âge : je mets mes lunettes, j'avale ma dose de vitamines et je bois mon verre de pulpe d'aloé véra, plante millénaire aux vertus réputées éternelles, j'accroche cette satanée montre à mon poignet, l'horloge s'impose. Je vais me raser. J'accomplis quelques exercices d'assouplissement.

Aïe ! J'ai eu incontestablement 67 ans en 2017 et je voudrais être partout à la fois, tout le temps !

Ô temps suspend ton vol, me susurre un Lamartine moqueur.

Pour combien de temps ?

Comment penser l'horloge du temps ? Relativement, a suggéré un éminent personnage, bien que le terme en soi n'est qu'un début d'explication ouvrant la porte sur une constellation d'hypothèses. En effet, Newton a été littéralement écrasé par un Einstein qui prouve que le mouvement dans l'espace affecte l'écoulement du temps. En science, il est toujours sage et opportun d'attendre la prochaine thèse ! L'univers est un système nerveux, intemporel, sans dimension qui se dissimule à l'observation.

Soyons humbles, nous ne sommes que poussières d'étoiles ; à peine a-t-on un indice que l'affirmation s'effondre par l'énorme découverte du contraire. Avez-vous vu les scientifiques ? Ils sont dans l'intuition, ils ne savent rien, ils s'éparpillent ! Cherchez ! Mais attention, ne vous trompez pas d'observation.

Vous voulez connaître l'infini ?

Regardez par la fenêtre ce nuage à la forme étrange, contemplez ce papillon multicolore qui virevolte dans l'air, émerveillez-vous devant ce bouton d'orchidée qui a pudiquement éclos à la rosée du matin. Écoutez la musique que vous aimez et accordez quelques instants à votre voisin, ce vieil homme solitaire. Parlez-vous ! Répondez-vous ! N'écoutez pas avec vos oreilles, entendez avec votre cœur. Donnez et vous recevrez ! Restez humble et vous entendrez le chant du cosmos avant de le rejoindre.

De l'indifférence naît la pauvreté de l'âme. Alors, butinez le spectacle de la vie comme une abeille vient butiner les fleurs dans le jardin.

Que souhaitez-vous laisser après votre passage sur terre ?

Tic, le temps passe...

8.

... Point de regrets, que des leçons...

Le taxi roule sur Sunset Boulevard et bien qu'il soit près de deux heures du matin, la circulation est toujours aussi dense. Arrivé à proximité du *Viper Room*, célèbre club sulfureux dont la façade est entièrement peinte en noir, John demande au chauffeur de se garer.

— Vous allez dans cette boîte, où le Tout-Hollywood est venu vendre son âme. Vous savez que ce lieu a la réputation d'être maudit. M'sieur John ?

— Je n'en ai pas pour longtemps.

—Le venin de cet établissement peut s'avérer mortel. Savez-vous que c'est Johnny Depp, l'un des anciens propriétaires, qui le nomma ainsi en raison d'une bande de copains musiciens fumeurs de joints qui s'étaient surnommés Les Vipers ? Lance Carolus.

— Je sais aussi tout ça mon ami, comme je sais que cette boîte est réputée pour son ambiance érotique et ses veillées spéciales.

— Alors vous connaissez, M'sieur John ?

— Je connais Carolus ! Et même les soirées à thèmes du mercredi et parfois du lundi, intitulées M. Moo's Adventure, en référence au nom du chien de Depp tout comme les atmosphères très « Tournez manèges ».

John se dirige directement vers le bar et s'assied sur le premier tabouret qui l'attend sans tourner le dos à l'entrée. C'est comme un vieux réflexe.

Les jupes courtes et les minishorts côtoient les masques de clown et les accessoires flashy. La provocation et l'excentricité sont les principaux ingrédients d'une Skins Party. Chacun peut arriver habillé comme il le souhaite. L'important, c'est que ça choque. Sur la piste de danse, une foule de jeunes s'agite frénétiquement. L'embarcation remue au rythme des sons électro. Dans un coin, une jeune fille se trémousse à califourchon sur sa récente conquête.

L'ambiance est surchauffée et ça parle fort. Les tarifs sont affichés derrière le bar. $5.00 l'entrée, $10.00 la bière et la danse privée, $20.00, et celle VIP, $200.00 la demi-heure dans la Champagne room... Wow

Il commande un shot de vodka au poivre qu'il boit cul sec. Il fait alors un signe à la barmaid dont le corset en cuir comprime la taille jusqu'à l'étranglement et projette vers le haut des seins laiteux et globulaires aux tétons traversés de petits tridents noirs.

Encore une wodka s'il vous plaît !

À sa droite une file de poivrots est avachie sur le comptoir. Certains en pleine méditation sont penchés sur leur verre le tenant à deux mains pour ne pas qu'il s'envole. Sur la cloison repeinte face au bar, de vieilles affiches de spiritueux aux angles décollés entourent une glace piquée. Un homme en bleu de travail qui suait à grosses gouttes, apparemment parce qu'il avait trop bu se lève et s'approche de John en commençant à le chauffer avec ses blagues à dix cents, du genre :

Savez-vous que les préservatifs existent en trois tailles ? - Petit, moyen et veinard ! Ou encore, avez-vous déjà remarqué que sur les capotes il y avait des codes-barres ? - Non ? - Eh bien, c'est parce que vous ne les déroulez pas jusqu'au bout. Et une dernière, comment s'appelle l'art de la fellation aux États-Unis ? - L'art Monica ! Et enfin celle-là, culture générale réservée aux intellos dans la salle : Qui peut me dire de quel pays est originaire le Viagra© ? Le Bhoutan ! Et pourquoi est-il connu pour être le pays du bonheur éternel ? Parce que leurs habitants ont le « Bhou-Kis-Tan » ... tout le temps !

John s'attarde avec répugnance sur les visages luisants et dégoulinants de sueur, sur les reliefs de dollars qui entachent de pédantisme les sourires indécents et superficiels. Il lorgne les détails ostentatoires de la jeunesse dorée de la bulle hollywoodienne : les oscillations de leurs pommes d'Adam, les gloussements de désir, les seins avantageusement exposés des jeunettes. Le monde entier est persuadé que le pouvoir de l'argent et l'outrageuse excentricité sont le summum du glamour. Le spectacle est désespérant. Quel boui-boui pense-t-il !

L'argent parle. Il y a bien longtemps, je l'ai entendu me dire « Bienvenue chez toi ! ». Aujourd'hui seulement, je viens de lui répondre « casse toi d'ici, tu n'es plus mon ami ! ». Tu m'as fait quoi Charles ? pense-t-il en posant son verre vide sur le comptoir du bar.

L'alcool et autres substance désinhibant l'atmosphère, tournez manège peut commencer !

— Ma chère Anny, tu es ravissante et excitante ce soir.

— Moi ? Moi ? Répond jeune fille lookée fashion Hollywood night.

— Mais tu es la seule Anny ce soir ma chérie !

— Moi, moi, la pose que je préfère... c'est lécher des glaces en sentant la crème couler le long de mon palais !

—Elle a dû fréquenter un ti frenchi pour être aussi comique ! On peut l'applaudir. Elle vient de gagner une boîte de deux cents sucettes à l'anis.

Dans cette ambiance, où la lumière tamisée est froide, où les déclinaisons de gris et de bleu pâle se fondent dans l'obscurité, où la clientèle respecte scrupuleusement le code vestimentaire, noir intégral, cuir, vinyle, latex, chaînes et piercings.

John sait que Caroline est là comme presque chaque soir de la semaine. Il sent sa présence.

Soudain...

— Et toi Caro, ta pose préférée ?

Il fixe brusquement la scène. Elle est là, assise sur la banquette à quelques mètres de lui, entourée d'une jolie brune sensuelle aux longs cheveux ondulés. Cette dernière a les yeux bandés, du genre plutôt obéissante, docile et intensément concentrée. À ses côtés un Casanova semble apprécier les passe-temps incendiaires. Caroline en jupe noire mise en valeur par un chemisier en soie rouge a l'air totalement captivé par la flamme d'un briquet métallique dont les caresses, froides ou chaudes doivent être les indispensables préliminaires à leurs jeux.

Dans un défilé de canettes qui s'entrechoquent en tintinnabulant, Caroline entame une danse suggestive sous le regard de Casanova qui lève son briquet à hauteur de ses yeux. Les petites flammes qui ondulent se balancent de gauche à droite tout en l'hypnotisant. Il descend ensuite le Zippo devant ses lèvres qui s'entrouvrent pour lui sourire, puis approche la flamme sur l'un de ses mamelons. La sensation vive de la brûlure contracte ses mâchoires et lui arrache un gémissement sourd qui l'encourage à faire la même chose de l'autre côté.

CLAP ! CLAP ! CLAP !

— Nous avons un connaisseur du côté du bar !

Le vert de ses yeux vire à l'orage. Caroline fusille son père du regard tout en se dirigeant vers lui en bousculant tout sur son passage.

— Tu m'espionnes maintenant ? l'interrompt-elle, le visage défiguré par la rage.

— J'ai quelque chose d'important à te dire.

— Ça fait des années que tu ne me regardes même plus et tu veux me parler aujourd'hui, à presque trois heures du mat !

C'est parce que tu t'es fait virer du MTV Movie Awards que tu te rappelles que t'as une fille ? Laisse-moi vivre ma vie ! Retourne dans ton monde de poupées siliconées !

John lui propose de prendre un verre en la tirant par le bras.

— Lâche-moi ! crie-t-elle.

— Hé mec, t'es sourd lance le Casanova aux biceps remplis de tatouages ethniques.

— J't'emmerde toi, rétorque John.

La réponse ne se fait pas attendre. John reçoit un puissant gauche en pleine face qui l'envoie à terre.

Remarquant que son père était sérieusement sonné et peinait à se relever, Caroline, affichant un regard de tueuse fait volte-face et vocifère de colère en direction de Casanova tandis que le GO reprend tournez manège dans l'indifférence la plus totale.

— C'est mon père ! Casse-toi !

John sonné se dirige vers un canapé libre. La tête penchée en avant, se mouche dans le torchon, une fosse nasale après l'autre pour évacuer les caillots de sang, puis place le pouce et l'index de part et d'autre du nez pour comprimer ses narines.

Ces gestes, il les connaît par cœur.

Caroline l'observe avec une insistance mêlée d'interrogation.

— T'as changé ! Ton visage, tes traits, ta peau, tes mains ne sont plus les mêmes. Tu ressembles aux photos lorsque tu avais vingt ans. C'est incroyable ! T'as fait quoi ?

John lui sourit en lui prenant la main.

— Commande-nous à boire, je vais me rafraîchir la figure et je reviens.

*

Devant la glace des toilettes, John se regarde tout en palpant le visage du bout des doigts. C'est étonnant, je n'ai rien et pourtant, j'ai bien entendu l'os du de mon nez craquer, pense-t-il.

Soudain la voix...

— Alors John, tu te prends pour Rocky ?

— Ah c'est toi ? Je commençais sérieusement à me demander ce que tu pouvais bien faire ! Tout baigne pour toi ? Pas de problème de dispatching dans ta zone ? Tu n'as pas perdu d'âmes aujourd'hui j'espère ! Ah ! Je vois, tu es comme « Richard, tu gères », mais ne t'enflamme pas, la comparaison s'arrête là !

— Vents, ondes, flammes, arbres, roseaux, rochers, tout vit ! Mais pour toi : *Tic, le temps passe…*

— Stop avec tes tics ! On croirait une sarabande de souris affamées qui poussent des gémissements en dévorant les parois internes d'un canapé dégoulinant de gruyère. À ce propos, tu n'as toujours pas grugé l'univers afin me rajouter un peu plus de temps ? Je n'ai pas encore fait ma valise. Est-ce que je dois prendre mon maillot de bain et ma crème lunaire écran total ?

— Tes plaisanteries ne sont qu'une façade John. Le moment est venu de t'expliquer quel est mon véritable rôle.

— Il était temps ! Je commençais à perdre patience, ce n'est pas ma qualité première, tu devrais le savoir !

—As-tu déjà entendu parler des mondes parallèles John ?

— Tu me prends pour qui ! Ce sont des mondes qui se rejoignent à l'infini !

—Je vois. Je fais partie du gouvernement de l'univers et je gère, avec d'autres, le passage du SAS. Ma mission consiste à restituer ce que j'ai reçu en tant que privilégié en suivant des âmes mises à l'épreuve comme la tienne.

— C'est comme chez nous ! Vous avez un Président, un Premier ministre et une kyrielle de ministres. Et toi, tu es le ministre du Tourisme. Tu valides les visas des privilégiés ! J'ai tout compris. C'est super ton job ! C'est quand les prochaines élections ? Tu touches combien par âme sauvée ? Et à la fin de l'année, on te colle un bonus-malus ?

— John, l'humour est la politesse du désespoir. Tu essaies toujours de distraire le temps, mais tu oublies qu'il ne s'apprivoise pas et que dans un peu moins de cinq heures, tu seras éjecté dans les ténèbres ou bien tu rejoindras un autre univers où l'on t'attend.

— Qui m'attend ? Dis-moi ! Je vais revoir qui ? J'ai le droit de savoir !

— À très bientôt, John.

— Dis-moiiiii !

*

Pas de réponse. John rejoint Caroline qu'il découvre pliée en deux sur le canapé, les larmes aux yeux. L'anxiété se lit sur son visage.

— Mais qu'est-ce que tu as ?

— P... toujours ces douleurs abdominales, j'ai mal, surtout la nuit où elles sont de plus en plus fréquentes et je ne peux plus respirer.

— Mais depuis quand tu es comme ça ? Pourquoi tu ne m'en as jamais parlé ?

— Tu n'es jamais là ! Et quand t'es là, je suis transparente !

Pendant qu'ils échangent, John en professionnel palpe ses côtes et le dessous des mollets. Caroline se cambre en grimaçant.

— Tu ne vas tout de même pas m'examiner ici !

— Je te prends un rendez-vous chez un ami et tu y vas dès demain!

— Laisse tomber. Je t'ai commandé le même whisky et je m'en tape un également.

— Tu y vas ! Je n'aime pas ça, et ce n'est pas ton père qui te parle, mais le toubib. Je te laisserai les infos sur ton téléphone.

— Allez dis-moi, comment tu as fait ? Je n'en reviens pas, on dirait un jeunot ! Et tu n'as aucune trace du coup de poing !

— Promets-moi de te faire examiner.

— OK, OK, j'te promets. Bon tu accouches !

— Tu as passé l'âge des pyjamas party de folie, alors tu évites de rester dans ta tenue de licorne jusqu'au crépuscule et surtout, tu t'abstiens de traîner chaque soir dans cette boîte infâme et glauque.

— Mais, tu sembles bien la connaître ?

John la regarde avec tristesse. Pour la première fois depuis bien longtemps, il se demande pourquoi il ne lui a pas accordé davantage d'attention. Il la regarde comme si elle avait toujours été la chose la plus précieuse qu'il n'ait jamais eu dans sa vie.

— À mon époque, c'était un « petit club underground où l'on pouvait écouter de la bonne musique sans avoir à subir le mauvais goût des autres et les chansons débiles d'un DJ stupide. Il n'y avait que cinq banquettes en vinyle et l'une d'elles était réservée aux amis de Depp, mais c'est de l'histoire ancienne.

— T'es un petit cachottier, papa.

— As-tu vu Le Cercle des Poètes Disparus ?

— C'est de ton époque papa ! *Ô capitaine, mon capitaine !*

— C'est ça. Dans le film, Robin William cite Whitman. *Ô moi ! Ô la vie ! Tant de questions qui m'assaillent sans cesse, ces interminables cortèges d'incroyants, ces cités peuplées de sots.*

Qu'y a-t-il de bon en cela ? Ô moi ! Ô la vie ! Que le prodigieux spectacle continue et que tu peux y apporter ta rime. Que le prodigieux spectacle continue et que tu peux y apporter ta rime… Quelle est ta rime Caroline ?

— Je ne suis pas John John, je ne fais pas de brillantes études. Tu n'as jamais été une personne démonstrative, tu détestais faire des câlins et si tu veux tout savoir, tu t'es plus occupé de lui que de moi. Dès que tu étais au téléphone, tu ne parlais que de lui en long et en large. Oui, Oui Caroline va bien. Tu ne jurais que par lui : *John John fait des études de médecine – John John est un garçon sérieux – John John !* Tu devrais prendre exemple sur ton frère. Tu voulais toujours que j'aide maman alors que mon frère restait bien gentiment assis dans le canapé ! et si j'avais le malheur de me plaindre tu me disais que mon frère travaillait plus que moi et qu'il était fatigué. Alors, tu veux vraiment savoir quelle est ma rime ?

— Dis-moi.

— Année après année, j'ai essayé de me consoler de ton indifférence et j'ai fini par choisir de me construire un univers qui en atténuerait la douleur afin de le rendre plus supportable, une sorte de douce souffrance, vois-tu ? J'ai compris que j'y puiserais, si je le voulais réellement, un peu de bonheur. *Carpe Diem : Cueille le jour présent sans te soucier de l'avenir !* La voilà ma rime.

—Ah bon ! Je croyais que cela signifait « J'en ai marre de la lumière du jour ».

—Papa !

John vient de recevoir un nouveau coup de poing et cette fois en plein cœur. Le regard lointain, il comprend que les griefs qu'il mûrit depuis tant d'années à l'encontre de sa propre mère ont agi sur lui tel un acide. Les mêmes causes produisent les mêmes effets.

— Je te demande pardon ma chérie. *Carpe Diem... Carpe Diem...* Ne compte pas les jours, fais en sorte que les jours comptent. J'aime ta rime.

Caroline sourit puis fond en sanglots, la tête posée sur l'épaule de son père.

Les yeux de John brillent d'une larme qui gonfle doucement, en pensant à sa mère, à son frère... il vient de comprendre.

— Tu as grandi trop vite mon ange. J'aurais aimé te dire, chaque jour, combien tu es précieuse dans mon cœur. Tu es mon jardin fleuri en hiver.

— On a assez perdu de temps, alors ne me laisse plus seule, répond-elle en mettant ses bras autour de la taille de son père.

Et si on déjeunait ensemble demain, je pourrais te montrer des coins que tu ne connais pas à L.A ?

— Caro, on ne perd pas de temps, on ne gagne pas de temps, on fait juste autre chose. Déjeuner ensemble demain aurait été ma plus grande joie, malheureusement cela ne sera pas possible, car j'ai déjà pris un engagement que je ne peux pas annuler.

— Alors tu préfères te rendre à ce rendez-vous mystère que de déjeuner en tête à tête avec ta fille chérie ? Bon d'accord pour cette fois, mais tu ne vas pas te défiler comme ça, je compte bien faire ce repas avec toi avant la fin de la semaine.

John la regarde longuement, retire son Apple Watch et l'attache à son poignet.

— Tiens, elle est pour toi. Je te demanderai juste de la laisser en mode minuteur et de ne jamais la retirer.

— C'est promis papa. Et lorsqu'elle arrive à zéro, on gagne quoi ?

— Un voyage vers un autre univers, répond John en affichant un rictus amer.

— C'est cool ! On partira ensemble ?

— Je te le promets : on se retrouvera. Et n'oublie jamais : *ton temps est limité sur cette terre, ne le gâche pas en menant une existence qui n'est pas la tienne : sois unique, sois vraie, sois libre, sois ENFIN toi-même.* Et écoute.

— Écoute qui ?

— Observe les signes de l'univers. Ses messages sont clairs à identifier pour ceux qui le désirent réellement. Il suffit juste de savoir regarder et écouter. Certains éléments vont attirer ton attention alors que tu n'y auras pas fait attention auparavant. Travaille sur ta sensibilité et améliore-la, ouvre-toi aux autres et surtout échange avec des personnes qui sont aujourd'hui capables de les déceler et de comprendre parfaitement cet univers qui nous entoure. La plupart des gens considèrent, lorsqu'ils trouvent une idée qui les pousse à agir, pour résoudre un problème par exemple, qu'il s'agit d'un signe du destin ou d'une simple coïncidence. Il n'en est rien. Regarde et écoute les messages des âmes de l'univers, ils sont porteurs de joie pour toi. Le jour où je partirai, je serai toujours là pour toi. Quand tu verseras une larme, quand tu lanceras un cri d'alarme ou un SOS de détresse, quand tu seras fatiguée ou quand la vie te décevra, « pose ta main sur ton cœur, je serai là ».

— Tu m'intrigues Papa. Puis-je lui poser des questions ? demande-t-elle perplexe.

— Tu peux. Mais pour qu'il te réponde, tu dois y croire. Pose ta question et attends la réponse. Celle-ci peut être dans le refrain d'une chanson, dans les premières pages d'un livre ou inscrite sur un panneau publicitaire.

Nous sommes trop occupés dans notre vie quotidienne à gagner plus, à remplir les tâches et les obligations qui nous incombent, à obéir en bons petits soldats aux diktats que l'on nous impose ou bien encore, à échanger sur les réseaux sociaux. Nous devrions simplement observer les signes que nous envoient les âmes de ceux qui nous ont quittés. Par exemple, si tu vois plusieurs fois dans la même soirée une annonce sur des personnes âgées, c'est probablement un message de l'au-delà qui t'invite à téléphoner à papy et mamie pour savoir si tout va bien. *L'univers est une station de radio qui émet 24/7 pendant toute la durée de ta vie.* Tu dois juste apprendre à régler la fréquence pour recevoir ses messages. Pas besoin d'équipement particulier. Il suffit de garder les yeux ouverts et de tendre l'oreille. Veux-tu que je t'apprenne ?

— Ici, Radio Univers ! Papa, je ne crois pas aux bonnes femmes avec leur boule de cristal, leur marc de café et leurs jeux de cartes truquées.

— Caroline, tu veux bien essayer une expérience simple. Juste pour me faire plaisir ?

— Qu'est-ce que je ne ferais pas pour toi, et puis ce sera peut-être marrant ton truc !

— Sur ton iPod il doit y avoir plusieurs centaines de chansons stockées. Place l'appareil en mode lecture aléatoire et pose une question à l'univers, puis appuie sur *play*. La réponse à ta question se trouvera dans le titre de la chanson ou bien dans les premières paroles. Tu vas être surprise du résultat. Essaie au moins une fois, pour moi.

— Ok, je le ferai c'est promis.

— Une autre petite expérience pour toi.

— Encore ! Allez, parce que t'es mon papa chéri.

— Lorsque tu seras dans ton lit, avant de te plonger dans les bras de Morphée, ferme les yeux et essaie de rembobiner le film de ta journée qui s'achève et laisse-le se dérouler de nouveau.

Tu te vois te réveiller, te lever, te brosser les dents, prendre ton petit déjeuner, te doucher, prendre le bus pour aller à l'école, t'acheter un bon croissant français, etc. Tu es à la fois actrice de ta journée et spectatrice de ton propre film. Tu verras, c'est très instructif, car tu remarqueras alors des choses qui ne te semblaient pas importantes. Comme par exemple, la couleur des cheveux de la boulangère qui t'a servi le croissant, était de la même teinte que celle de ta mère.

Si tu répètes cette expérience chaque soir, tu commenceras à t'apercevoir qu'il y a des images qui sont à la fois dans tes rêves et ta vie quotidienne. Ces coïncidences fournissent des indices pour guider ton comportement. Tu commenceras alors à percer les mystères de la vie. J'ai fait cela il y a longtemps, mais je n'ai jamais voulu en parler jusqu'à ce soir. Sans doute, la *synchronicity* avec mon ami Charles !

— Un dernier conseil ma fille, évite les Casanova. Trouve-toi un beau prince.

— Papa, je ne crois plus au Prince depuis longtemps ! Il n'existe que dans les contes ou sur des étagères au rayon biscuits. Mais si tu en connais un, donne-lui mon *free number*.

—Un jour tu rencontreras un homme qui émettra une forte attraction sur toi.

Vous vous trouverez un grand nombre de points communs, des projets similaires. Cet homme formulera à haute voix ce que tu penses tout bas. La synchronicité est une coïncidence qui prendra soudainement du sens, provoquera une émotion forte. Elle sera porteuse de transformation et se produira au moment opportun. Il n'y a pas de coïncidence. L'Amour est le phénomène qui répond le mieux à la Loi universelle. Son pouvoir d'attraction est encore plus puissant, car il fait émerger des sentiments intenses d'attachement.

*

John vient de lui livrer le secret de la communication avec l'univers. Lui non plus n'y croyait pas jusqu'à ce qu'il se demande s'il reverrait Laurence. Il avait alors placé son iPod en mode lecture aléatoire et la première chanson qu'il entendit avait été celle du film Lawrence of Arabie. Il s'est alors souvenu que le film commençait par la mort de Lawrence, un accident de moto sur la route. Moins de cinq minutes après la fin de la chanson, il tenait Laurence dans ses bras pour la dernière fois, victime d'un accident mortel de la route. Il n'y a pas de coïncidence, seulement des messages de l'univers. N'oublie jamais, je serai toujours là pour toi.

John quitte le *Viper Room* après avoir longuement serré Caroline dans ses bras.

Tout en rejoignant Carolus et son taxi, il se surprend à souhaiter que la faucheuse vienne rapidement le chercher.

*

John monte à l'arrière du taxi en claquant la porte violemment. Carolus l'observe dans le rétroviseur.

— Quelle direction M'sieur ?

— Roulez ! Roulez ! répond-il sans même le regarder.

— Des soucis M'sieur John ?

— Excuse-moi mon ami. Je m'aperçois, à chaque seconde qui passe, que j'ai raté mon existence. Je veux dire ma vie d'homme, de mari, de père, mais également de chirurgien. Et le plus triste dans tout cela est que je n'ai plus assez de temps pour me racheter.

— Vous avez encore du temps… M'sieur John.

— Non, Carolus, l'horloge du temps ne s'arrête jamais. J'entends depuis ce matin son *tic-tac* résonner en moi et son bruit ne fait que s'amplifier.

— M'sieur John, la meilleure chose à faire est de continuer à croire en votre destinée. Votre temps n'est pas encore épuisé.

John le regarde, de plus en plus intrigué.

— Qui es-tu au juste Carolus ?

— Moi ? Un simple *taximan* qui connaît Haendel et ses onze opéras, lance-t-il avant d'éclater de rire.

— Oui, un drôle de mec, répond John en faisant défiler le répertoire de son iPhone.

Carolus le regarde dans le rétroviseur, avec un sourire satisfait.

— C'est incroyable, une journée comme celle-ci où tout le monde ronfle, lance John le téléphone à l'oreille.

— Papa ? T'as vu l'heure ?

— *L'heure, c'est le temps imaginé par l'homme pour nous rappeler qu'il n'est pas infini.*

— Tout va bien papa ?

— Je te réveille à cette heure pour prendre le breakfast avec toi. Rendez-vous au Subway dans quarante-cinq minutes. Tu connais ?

— T'es incroyable ! Bon, je me lève, mes profs vont tomber de leur chaise s'ils me voient arriver à l'heure en cours !

*

— Direction Sunset Boulevard, lance John à Carolus un brin détendu.

— C'est parti, M'sieur John !

Environ quinze minutes plus tard, le taxi jaune et bleu se range devant le Subway ouvert 24/24. John demande à Carolus de l'attendre quelques mètres plus loin, puis il descend et pénètre dans ce lieu bien connu des fêtards de la nuit.

Il n'est d'ailleurs pas rare de voir stationner devant le fast-food, une voiture de police qui veille à la tranquillité légitime et bien méritée du petit monde d'Hollywood.

John s'installe sur une banquette double en cuir noir, disons que cela devait être la couleur d'origine. Ça sent grave les huiles de fritures, le poulet grillé, les patates industrielles.

John John ne devrait pas tarder, se dit-il en regardant la grosse horloge fixée sur le mur. John est calme et même heureux. Il téléphone à son avocat et ami, William Jefferson, l'un des meilleurs de L.A.

— Salut John, t'es tombé du lit ? J'allais me doucher. Dis-moi, qu'est-ce qui t'amène ?

— J'aimerais changer mon testament !

— Ça te prend comme ça ! OK, je te prépare un dossier. Tu veux passer quand ?

— Pourquoi, il y a une heure spéciale pour le faire ? Tu as de quoi noter, on fait ça par téléphone et tu m'envoies le tout sur mon mail avant 7 h 10 ?

— T'es sérieux ? T'as un problème ?

— Aucun ! Alors c'est OK ou je vais voir ailleurs ? Prends un stylo et une feuille de papier et écris ceci.

— Oh là cool, tu as de la chance d'être mon ami. Je t'écoute.

— Je lègue ma clinique à mon fils, la maison sera pour ma femme et ma fille, mon BMW monospace à ma secrétaire.

— Et ta Ferrari ?

— Elle est en révision chez une bande de nazes. Il y a sur Fashion une femme de couleur qui se dit séropositive et qui porte sa petite fille dans les bras. Je pense que toutes les deux font toujours la manche dans le quartier. Débrouille-toi pour les retrouver. Je lègue mon yacht à cette femme et mon assurance vie à la gamine.

— C'est généreux de ta part, mais je crois que tu vivras plus longtemps qu'elles. Tu as une idée du montant de ton assurance ?

J'ai besoin des coordonnées de ton assistante.

— Il est d'environ huit cent mille dollars et si cette femme part avant moi, place une clause afin que la petite puisse en profiter. Je t'envoie les infos au sujet de ma secrétaire. Je compte sur toi.

— OK, je te prépare le tout. Mais tu me dois une explication. Au fait, tu ne lègues rien à tes chiens ?

John sourit.

— Tu trouves toujours les mots qu'il faut. T'as raison, je les avais oubliés ceux-là. Ils adorent la cuisine chinoise, pour eux ce sera une gamelle pleine à vie du numéro 9 du restaurant Yang Chow.

— Le « 9 » comme les neuf vies d'un chat. C'est tout ce que tu as à me dire, lui répond-il en souriant, en pensant au numéro du plat chinois dont il est lui aussi friand. Le riz cantonais est universellement apprécié.

— William, *on rencontre sa destinée, souvent par des chemins qu'on prend pour l'éviter.*

— Ça veut dire quoi ?

— Cela veut juste dire que je coupe là.

Ayant aperçu son fils, John s'empresse de mettre fin à la conversation.

— Papa, je ne sais pas ce qui se passe depuis hier, mais tu n'es pas dans ton état normal. On dirait que tu n'es pas tout seul dans ta tête, comme disent les jeunes aujourd'hui. Et je ne parle pas uniquement de ton show au MTV, lance John john en s'asseyant près de son père.

— Je n'ai jamais été aussi bien ! Et si on commençait par aller chercher une pile de pancakes, quelques œufs et un verre de lait, répond John le sourire aux lèvres.

Tous deux commandent leur breakfast en se lançant un regard entendu.

— Sacré Papa ! Plus rien ne m'étonne avec toi. J'ai dû recevoir une quarantaine de SMS et coup de fil suite à ton mémorable discours au MTV Movie Awards. Mais qu'est-ce qui t'a pris ?

— Laisse tomber ça. Tu comprendras plus tard. Et si tu me parlais de tes cours ?

— Tu veux connaître la dernière blague qui circule dans l'amphi ?

— Oh oui, oui, répond John avec enthousiasme.

— Voilà ! C'est un toubib qui s'adresse à son patient : J'ai une mauvaise nouvelle et une très mauvaise nouvelle pour vous. Le patient : *Quelle est la mauvaise ?* Le toubib : *Il vous reste un jour à vivre.* Le patient : *C'est terrible, et quelle est la plus mauvaise nouvelle?* Le toubib : *Ça fait bientôt vingt-quatre heures que j'essaie de vous joindre !*

Attend, j'en ai encore une autre *:*

Quelle est la différence entre Dieu et un Chirurgien ?

Dieu ne se prend pas pour un chirurgien.

En une fraction de seconde, le pouls de John augmente, son visage se crispe. P... Mais qu'est-ce qui m'arrive ?

— Ça va papa ?

— Oh oui ça va ! Juste une coquille d'œuf qui n'est pas passée.

— Excuse-moi, c'est une amie, lance John John en répondant au téléphone.

Assis en face de son fils, il prend un réel plaisir à l'écouter parler. Il revoit sa naissance, sa première dent, sa première rentrée scolaire, son premier vélo, la première fois où il est revenu en pleurs de l'école après une bagarre.

Il revoit bien d'autres choses encore qui le font sourire.

— C'était une amie ou… ta petite amie au téléphone ?

— À ton avis ? Nous sommes ensemble depuis presque deux ans.

— T'as une photo ?

— T'inquiète, elle n'a pas besoin de ton scalpel.

Il lui montre une photo et évoque ses projets avec elle.

— Elle est très belle, je te félicite. Je… je vais te léguer la clinique, lance John en le fixant droit dans les yeux.

— De quoi tu parles ? Tu arrêtes ? T'as vraiment des problèmes ?

— Qu'en penses-tu ?

— Pourquoi crois-tu que je me la coule douce en Fac de Médecine? Bien sûr que je suis heureux, mais je le serais encore plus si on travaillait ensemble. Tu pourrais me former. Après ton show au MTV, je crains fort que nous n'ayons plus beaucoup de clients.

— Je vais t'avouer un secret, j'ai eu une carrière fantastique, mais j'ai du mal, j'ai froid la nuit. Il y a mille choses à faire bien plus honorifiques que remodeler le postérieur des stars. Nous pourrions nous occuper, par exemple, des accidentés, des grands brûlés, des malformations comme un bras atrophié, un tibia trop court, une main manquante, la reconstruction d'un pouce, et j'en passe. Place la bonté comme base de ta vie, la justice comme mesure, la sagesse comme limite, l'amour comme délectation et la vérité comme lumière.

John John lui offre pour seule réponse un sourire anxieux avant de se lever brusquement de table, fendant l'air du sempiternel refrain familial.

— *Merde, merde, merde ! J'suis en retard* pour mon cours. Pour une fois que je tombe du lit à l'aube ! Salut p'pa, on en reparle.

« Pose ta main sur ton cœur, je serai là » marmonne-t-il en le regardant s'éloigner.

Il sait qu'il ne le reverra plus bouger, ni manger, ni rire, ni parler et qu'ils ne travailleront jamais ensemble. Deux sentiments opposés l'habitent : une immense tristesse et l'envie pressante d'évacuer ce monde.

— *Dépêche-toi de venir me chercher Charles !* Peu importe que mon énergie soit emprisonnée dans un trou noir ou qu'elle se transforme en une puissance céleste pour devenir une étoile qui brille dans l'univers.

John reste de longues minutes le regard dans le vide puis quitte le Subway pour rejoindre Carolus. Tout en marchant, un bip lui annonce l'arrivée d'un message.

« C'est son ami Jack. « Hi ! Je n'ai rien trouvé au sujet du farceur qui essaie de te faire peur, mais t'inquiète pas je continue de chercher. On va bien parvenir à le coincer et lui mettre la main dessus. »

— Vous avez l'air en forme, M'sieur John ! lance Carolus en le voyant s'asseoir le visage rayonnant.

— Merci Carolus, je lisais juste un message qui m'a fait sourire. Avez-vous faim ?

— J'ai tout ce qu'il faut avec moi, M'sieur John. Quelle direction M'sieur ?

— Santa Monica Pier, il est presque sept heures et j'aimerais me promener en écoutant le bruit de la mer, le clapotis des vagues. Et puis, il paraît que le temps s'écoule plus lentement lorsque l'on marche.

— C'est une bonne idée, M'sieur John.

John parcourt rapidement le mail qu'il vient de recevoir de son notaire. Tout est correct, il valide par retour le message avec insertion de sa signature électronique. Puis, il essaie de joindre sa femme, sans succès. Elle doit dormir avec ses Boules Quies, son masque de Zorro et ses bigoudis, pense-t-il en affichant un sourire radieux.

— Nous sommes arrivés, M'sieur John.

— Attendez-moi ! Quel moment magique de pouvoir contempler le lever du soleil et voir ses premiers rayons illuminer l'horizon.

Le soleil aime tellement la lune ce grand timide, qu'il se couche chaque soir, pour admirer son reflet d'argent.

John marche sur un long ponton face à l'océan transformé en parc d'attractions. Il lève les yeux vers le ciel pour admirer cette grande roue haute comme un immeuble de neuf étages et fonctionnant à l'énergie solaire. Il s'assied sur un banc en bois pour écouter le son mélodieux et chaleureux des vagues dont on dit qu'elles sont les paroles de l'océan. Ce matin-là, elles sont particulièrement belles, d'un bleu sombre, elles fulminent d'écume blanchâtre.

— Charles, si c'est aussi beau dans ton univers, il me tarde de le rejoindre.

— M'sieur John, certains sont très peu différents de la terre, d'autres contiennent des variantes et, d'autres encore, présentent une réalité radicalement divergente.

John sursaute sur son banc !

— C'est toi Carolus ?

— Carolus est le nom de Charles en latin, cette langue venue des plaines du nord-est de l'Europe et qui donna naissance, dans votre univers, à de nombreux langages.

— Tu t'es bien foutu de ma gueule avec tes M'sieurs John par ci, M'sieur John par-là, et Haendel et ses opéras. Bien joué Charles, Carolus ou je ne sais qui ! Au fait, je dois t'appeler comment ? Mohammed ? Jésus ? Dieu ? Bouddha ? À moins que tu ne sois envoyé par tonton Lucifer ?

— Tu m'as demandé pourquoi nous ne voyons jamais ceux qui nous ont quittés et pourquoi ils ne viennent pas nous dire comment c'est *là-haut*. Te souviens-tu de ma réponse ?

— Euh…

— Je t'avais répondu que tu entendais ce que tu avais envie d'entendre et que tu voyais ce que tu voulais bien voir. Tu as la réponse à ta question.

— Mais qui es-tu au juste ?

— Je te l'ai déjà dit. Je suis l'un des enquêteurs des brigades spéciales de l'univers, en charge de la galaxie d'Andromède. Celui qui autorisera ton âme à poursuivre son voyage vers un autre univers, ou qui donnera l'ordre de l'enfermer dans un trou noir pour l'éternité. *L'âme véhicule une énergie que l'on ne peut pas détruire, mais que l'on peut emprisonner. L'âme est une entité qui dispose à la fois d'un côté terrestre et d'un côté divin. Chaque être humain sur Terre dispose d'une âme qui lui est propre au moment de sa vie.*

Mais au moment venu de la mort de son enveloppe corporelle, son âme se détache et poursuit la quête d'un nouveau corps à habiter. L'âme est une entité, mais elle fait partie d'un tout. Chacun possède en soi une part du divin.

Pour guider ma décision, je dois suivre tes dernières vingt-quatre heures entre ces deux mondes. Celui où tu as vécu, la terre, et le SAS.

— J'avais raison, Je suis mort hier...

— Ta seule vraie vie est dans le futur John. À très bientôt.

*

Cher lecteur,

Je vous invite à faire une pause dans votre lecture pour vous interroger à partir des trois questions ci-dessous.

— Comment est-il possible que 7,594 milliards de personnes en 2018, puissent toutes prétendre vouloir la même chose (paix, sécurité, opportunité, prospérité, bonheur et amour) et être manifestement incapables de l'obtenir ?

— Est-il possible qu'il y ait quelque chose que nous ne comprenions pas complètement sur la vie, dont la compréhension changerait tout ?

— Est-il possible qu'il y ait quelque chose que nous ne comprenions pas entièrement sur nous-mêmes, sur notre propre vie et son but, dont la compréhension changerait notre manière d'être ?

Prenez une feuille de papier et essayez de répondre à ces trois questions.

— Poursuivons avec les quatre questions fondamentales qui suivent.

— Qui suis-je ?

— Où suis-je ?

— Pourquoi suis-je où je suis ?

— Que dois-je faire où je suis ?

Nous considérons, à titre personnel, que nous ne pouvons pas avancer dans la vie si nous ne répondons pas à ces quatre questions.

La première est la clé. Elle déverrouille tout, en nous invitant à regarder au plus profond de notre identité. Je ne parle pas de notre nom, mais de notre identité dans le cosmos.

Il n'y a pas de « bonne » réponse à cette question, il n'y a que la réponse que vous donnerez.

La deuxième question semble simple, mais sa réponse ne l'est pas. Où suis-je ?

Quel est cet endroit dans lequel nous expérimentons notre existence ? Comment le concevez-vous ?

Il ne s'agit pas de votre description physique de cet endroit. Nous parlons de votre compréhension conceptuelle de cet espace. Est-ce une école ? (pour les enseignants) ; un laboratoire ? (pour les chercheurs) ; une salle d'opération (pour les soignants) ; un hippodrome géant ou un terrain d'athlétisme où certains sont des gagnants et d'autres des perdants ?

Encore une fois, il n'y a pas de « bonne » réponse à cette question. Il s'agit simplement de nous interroger sur le cadre conceptuel dans lequel nous expérimentons notre vie.

Et, en l'absence d'un tel cadre, notre vie elle-même serait dépourvue de sens. L'endroit où vit la mouche est différent de celui où vit la fourmi. Il conditionne leur existence.

Derrière cette question se cache une autre interrogation. Nous avons une espérance de vie de x années, sauf circonstances imprévues. Quel est donc cet endroit où je vis ?

La question suivante concerne le *« pourquoi »* ?

— Pourquoi suis-je où je suis ?

— Pourquoi ne suis-je pas ailleurs ? Y a t-il un « ailleurs » ?

— Quel est le but de mon être en cet endroit ?

— Y-a-t-il un but ?

— Qui lui en donnerait un ?

Beaucoup de personnes répondent à ces questions par un brusque « Je ne sais pas ».

Une vie vécue par défaut n'a aucun intérêt.

La dernière des sept questions est la plus l'importante compte tenu des réponses fournies précédemment.

C'est toujours la dernière question dans la vie. Dans chaque situation, dans chaque circonstance, à chaque instant, la question est toujours et pour toujours : qu'est-ce que je compte faire où je suis ?

Vous avez joué au jeu des questions / réponses ?

Bravo

9.

… Ne pleure pas parce que c'est fini, mais souris parce que c'est arrivé…

Dr Seuss

Le jour se lève sur L.A. et encore une belle journée ensoleillée qui s'annonce sur Beverly Hills. Élisabeth, maquillée et pimpante est déjà en conversation téléphonique. Caroline qui est rentrée à l'aube du Viper Room, se prépare des toasts salés sucrés et un jus d'orange pressé avant de rejoindre son lit pour se refaire une santé en vue de sa prochaine chasse, prête à toutes les promesses d'amour-toujours pour « emballer ».

Comme chaque matin, les membres de la famille Carlson qui se croisent par hasard échangent les banalités d'usage.

— Bonjour, bien dormi ? Lance Élisabeth sans même le regarder ayant mis prématurément fin à sa conversation téléphonique avec ses copines.

— Bof ! J'ai fait un p… de cauchemar, répond John !

— Raconte, lance Caroline la bouche pleine, toujours friande de ce genre d'expérience.

— J'ai rêvé de ma condamnation à mort. Un vrai supplice nocturne, quelle p....d'angoisse. C'est comme si c'était réel. J'avais l'impression d'y être. Lorsque j'ai ouvert les yeux, j'avais froid, j'étais glacé de partout et j'avais terriblement mal à la cage thoracique. C'était un p... de cauchemar. Un mec qui se faisait appeler l'enquêteur m'annonçait que c'était mon dernier jour sur terre !

Élisabeth, affichant un désintérêt méprisant et habituel à l'encontre de son mari, pose enfin un regard sur lui en poussant un cri de comédienne.

— T'as fait quoi ?

— Je me suis levé boire un Bourbon à ta santé !

— Mais je ne parle pas de ton cauchemar, mais de ton visage, tes mains !

— C'est pour ça que je voulais t'inviter au restaurant, pour te présenter ma nouvelle enveloppe corporelle !

— Tu es complètement cinglé ! Ils ont raison à la radio, tu es devenu Dr Jekyll et Mr. Hyde !

— Exact ! Et je carbure au CharlesTox, un breuvage millésimé injecté sous perfusion, uniquement dans un SAS pressurisé !

Résultat garanti par le Dr Jekyll ! Et comme une bonne nouvelle n'arrive jamais seule, tu ne vas pas le croire ma tendre et fidèle épouse, j'ai également rêvé que ce Rastignac obséquieux de Steven Palace, fasciné par la richesse et qui oscille constamment entre sociopathie et naïveté était ton amant !

Se tournant alors vers sa fille, il ajoute :

— Et que toi Caroline, tu récupérais mon Apple Watch. Va savoir pourquoi !

— Et rien pour moi ? demande Élisabeth retrouvant soudainement un intérêt particulier pour la conversation, bien que déstabilisée par cette histoire d'amant.

— Toi ? Je jetais ton iPhone sur le sol, répond John avec un sourire malicieux.

— C'est plus dans tes cordes ! Ça te donnera l'occasion de m'offrir la toute dernière version, ou mieux encore, une Apple Watch dernier cri, celle en or rosé.

— Demande à l'autre fanfaron ! Il est sans doute le roi des spectacles à mille dollars pour le Tout-Hollywood, mais il a une vraie tête de plouc !

— Et toi, t'as vu ta gueule ?

— *Quoi, ma gueule ? Mais qu'est-ce qu'elle a ma gueule ?* De toute façon, ton avis je m'en tape, « *Retiens la nuit* », car *ma gueule et moi on est d'sortie. Merde, merde, merde, j'suis en retard !*

— Ah oui, ton discours d'ouverture au MTV Movie Awards, et pas d'invitations pour nous, rétorque Caroline toujours dans les starting-blocks pour les soirées mondaines.

— Désolé les filles, mais dans mon cauchemar, vous n'aviez pas de place ! Ta mère n'a qu'à demander un strapontin au nabot, à moins qu'elle ne préfère le confort de ses genoux. Mais il y aura un problème de place puisque même en regardant une olive, elle prend des fesses.

— Arrête tout de suite avec ça, répond Élisabeth encore sous le choc.

John se dirige sourire aux lèvres vers la salle de bains.

— Alors Charles, ou Carolus ou je ne sais qui, tu vas m'annoncer quoi aujourd'hui ? Ah, j'oubliais, je suis privilégié ! Roulements de tambour... Ohé ! Ohé ! Braves gens, voici un message de la planète Krypton.

Ah, mince c'est déjà pris, c'est là où est né Superman avant d'être envoyé sur Terre par son père Jor-El. Je poursuis.

Ohé ! Ohé ! Braves gens, vous pouvez désormais choisir votre mort. Tapez 1 : si vous voulez être renversé par le palace ambulant d'une starlette. Tapez 2 : si vous voulez être transpercé par la flèche de Cupidon au cours d'une partie de jambes en l'air. Tapez 3 : Si vous voulez mourir étouffé par une arête de poisson pendant une méga sushi party. Tapez 4 : si vous voulez être brûlé au lance-flammes par le petit ami d'une patiente qui n'a pas aimé sa nouvelle poitrine. Tapez 5 : vous voulez bien mourir, mais aller au paradis. Attention il n'y a qu'un choix possible et il est irrévocable. *Bon choixxx Madame, bon choixxx Monsieur*, aurait dit un certain président français.

Sous SA douche, John prend un réel plaisir à fredonner SA chanson fétiche : *I am the champion* ! Un dernier regard dans le miroir, le voilà fin prêt pour rejoindre son ami 95 pour sa partie de golf journalière.

*

Chaque jour, la route qui mène au Trump National Golf supporte le poids d'une centaine de camions tractant des pyramides de troncs d'arbres. Ray-Ban aviator et cheveux au vent dans sa Ferrari, John roule à vive allure sur le long ruban d'asphalte pour rejoindre son ami « 95 ». Il sourit en repensant au cauchemar où deux loubards venaient lui emprunter sa voiture.

Soudain, le chargement du camion roulant juste devant lui cède.

La Ferrari est à moins de trois mètres. John surpris, mais ses réflexes toujours intacts, cherche à éviter les troncs de bois qui tombent les uns derrière les autres : un, deux esquivés. Un coup de volant à droite, puis à gauche ne lui permet cependant pas d'éviter un énorme tronc qui rebondit lourdement sur la route, avant de venir s'encastrer dans le pare-brise de la Ferrari et l'atteindre en pleine poitrine. La voiture continue de rouler sur quelques mètres, puis s'arrête en plein milieu de la chaussée.

Le chauffeur du camion descend de son véhicule et se précipite vers ce qu'il reste du bolide rouge.

—Monsieur ? Monsieur ? Vous allez bien ? Parlez-moi ?

John a le visage en sang.

Informés par les nombreuses caméras de surveillance placées sur le bord la route, les véhicules de secours et de police se dirigent, sirènes hurlantes vers le lieu de l'accident.

Jack qui patrouille dans le quartier est alerté par le central sur la radio : *Accrochage sérieux sur Yucca Street.* Il a un mauvais pressentiment en fonçant gyrophare et deux-tons allumés.

John, encore conscient, est rapidement extrait de la ferraille, plusieurs automobilistes étant venus dégager l’immense rondin.

Ils l’allongent à même le sol. Il n’est pas transportable. On le perd, déclare un médecin ambulancier en criant auprès des automobilistes qu’ils n’auraient pas dû le déplacer.

Jack, arrivé sur les lieux de l’accident, quitte précipitamment son véhicule. Il reconnaît ce qu’il reste de la Ferrari cabriolet. Le capot est complètement enfoncé.

— Laissez-moi passer, crie Jack en bousculant tout sur son passage, insigne de police à la main.

Les yeux du médecin parlent pour lui. Son diagnostic est sans appel. Doigts et mains glacées, sueurs froides signifiant sans doute une hémorragie interne suite à une contusion thoracique, avec très certainement épanchement de sang dans la cavité pleurale. Jack a compris lorsque le médecin le fixe. Aucun signe de sa part, mais il sait que pour son ami, c’est la fin.

— Alors John, tu te prépares pour le grand prix d’Indianapolis ?

John tente d’esquisser un sourire. Il essaie de parler… les mots ne viennent pas, seul un léger filet de sang épais s’écoule de sa bouche. Jack se penche au-dessus de lui.

— Reste avec moi ! Accroche-toi ! Tiens bon, ça va aller !

John entend le rire sarcastique de Charles et son humour foireux de dernière minute. *Allez en voiture !* Il l'avait toutefois rassuré en ajoutant sur un ton réconfortant, *à tout de suite !*

Puis, retentit le gros gloups vulgaire d'une ventouse à la force irrésistible, qui ferme la session vie terrestre en une fraction de seconde.

L'âme de John vient de sortir par le plexus. Il est libéré de son propre corps qui n'est plus alors qu'un véhicule devenu inutile. Il est pourtant très présent et s'il pense à son apparence physique, il peut obtenir, à volonté, une représentation plate de son image passée ou l'apparence qu'il désire par reconstitution moléculaire. Le transfert s'est effectué sans douleur. Il craignait un épisode brutal, un étouffement pénible, mais non, juste une aspiration banale et salut les terriens.

Tac, le temps est passé !

*

— P…. ! Il est où le salopard d'enfoiré … de salopard ? s'écrie Jack.

Il l'aperçoit menottes aux poignets. On ne plaisante pas en Californie lorsqu'il y a mort d'homme sur la route.

Il le fixe, balance un violent coup de pied dans la portière de la Ferrari et se dirige vers lui telle une hyène affamée sur sa proie.

— Je suis le capitaine Jack au Beverly Hills Police Department. C'est toi, l'enfoiré qui a fait ça ? Qu'est-ce que tu foutais sur cette p… de route avec ton p… de chargement de merde ! Bordel ! Les papiers de ton p… de camion.

— La 101 était fermée, alors j'ai suivi la déviation conseillée. *Pas ma faute, pas ma faute…*

— *Pas ma faute*. J'ai compris, le fautif c'est le rondin ! Dans une avalanche aucun flocon ne se sent responsable. C'est ton nom José Martinez ?

— Il n'y a pas eu d'avalanche M'sieur !

— En plus t'es con ! C'est ton nom José Martinez ?

— Oui M'sieur.

— Pas de M'sieur ! Oui Capitaine ! Enfoiré !

— Je m'appelle José.

— C'est José ou Martinez ? P... tu n'sais même pas ton nom ! À l'école, on t'a appris quoi Pablo ?

— Je m'appelle Martinez, répond-il encore en état de choc.

— Je m'appelle José Martinez, Capitaine ! Enfoiré de merde.

Jack se souvient alors que John lui avait demandé d'enquêter sur un bouffon d'emmerdeur qui le harcelait en lui annonçant que ce serait son dernier jour sur terre. Il a appris à ne pas croire aux coïncidences.

— Eh bien j'espère que vous avez un bon avocat, José Martinez ! En attendant, on vous embarque et on vous donnera une douche spéciale, vous empestez la mort !

*

C'est déroutant, se dit John. J'ai quitté mon corps, tandis que j'entends la voix de Jack. Il est fou de rage et, comme à son habitude, il balance des coups de rangers sur tout ce qui se trouve à sa portée. Chacun son truc, lui c'est les coups de pompe, moi c'étaient les téléphones. Il hurle comme un loup, comme à son habitude également. Le hurlement est l'unique moyen de communication qu'il connaisse ; les murs ont des oreilles et ceux du Beverly Hills Police Department qu'il dirige, peuvent en témoigner.

Je vois le chauffeur du camion, la tête baissée, les épaules basses, accablé par le poids de la culpabilité.

Il n'y est pour rien. Je regarde le jeune médecin et lui dis : *arrêtez avec votre massage cardiaque, vous voyez bien que cela ne sert plus à rien.* Je vois qu'il me regarde aussi. Il approche son visage plus près du mien et observe la pupille de mes yeux. Ils sont le miroir de l'âme dit-on ! Cherche-t-il à trouver la mienne ?

Stone, le monde est stone - Laissez-moi me débattre - Venez pas m'secourir - Venez plutôt m'abattre - Pour m'empêcher d'souffrir -J'ai la tête qui éclate - J'voudrais seulement dormir - M'étendre sur l'asphalte et … me laisser mourir !

Mais il ne m'entend pas. Pourquoi ? J'essaie de lui tendre la main, mais elle traverse son corps. Suis-je vraiment mort ? Peu m'importe désormais. Je me sens libéré des autres, de moi, de cette vie passée à faire semblant. Plus de carcan, il a disparu, atomisé pour l'éternité. Je suis libre !

Je m'assieds à côté de moi pour observer tout ce petit monde tenter de me ranimer, non loin de ma dernière chambre, ma voiture écrasée par un rondin.

C'est drôle, je ne me suis encore jamais assis à côté de mes os. Ils sont plutôt de bonne compagnie pour mon long voyage ! *Eh, les gars! Stoppez tout ! Je suis vraiment mort. J'adore être sympa avec moi. C'est dingue !*

— C'est fini, annonce le jeune médecin.

Comment ça c'est fini ? lance John que personne n'entend.

Non, le voyage ne s'arrête pas là. La mort n'est qu'un autre chemin. Un que nous devons tous prendre un jour. Et dire que j'avais peur de la mort ! La mort n'est pas la fin, c'est une simple étape de la vie, un changement d'état. C'est une renaissance.

Je n'ai plus de corps, j'en ai juste conservé la forme, diaphane, d'une transparence atténuée telle une brume légère.

Mais que fais-je ici alors ? Puisque je n'ai plus de corps et que personne ne peut me voir ni m'entendre, il est temps que je quitte cette terre, un autre univers m'attend.

J'aperçois des âmes tourmentées. Elles me tendent la main, mais elles sont enveloppées d'une ombre épaisse qui dissimule ce qu'elles ont accompli sur terre. Elles disparaissent dans un tunnel noir.

Dans la fraction de seconde qui précède ma mort, je devine au loin une lumière alors que je me sens aspiré et prendre de plus en plus de vitesse. Des images défilent. Je me vois pleurer à chaudes larmes pour ma première rentrée scolaire.

Je ne quitte pas la main de maman en me cachant derrière elle. J'aperçois le seul amour de ma vie, Je crie *Laurence, Laurence* mais aucun son ne sort de ma bouche. Je revois John John dans ses livres et Caroline. Elle est en pyjama licorne sur le canapé à zapper devant la télévision. L'ombre d'Élisabeth apparaît. Je lui demande pardon de ne l'avoir jamais aimée. Je me vois offrir un billet de cent dollars à un homme assis sur le trottoir, son chien couché près de lui. Pourquoi certains se goinfrent à en crever tandis que d'autres meurent de faim? Ce monde est injuste, je n'ai aucun regret de le quitter pour rejoindre un monde meilleur.

Soudain, une brusque accélération. La lumière chaude et douce s'intensifie pour devenir un gigantesque rayonnement d'une exceptionnelle intensité. Je deviens lumière tandis qu'une voix familière m'interpelle à mon arrivée à l'extrémité du SAS.

— Terminus, tout le monde descend. Alors John, comment te sens-tu ?

— Waouh ! Waouh ! Waouh ! Bellissimo ! Je n’ai jamais rien vu d’aussi beau sur terre. Le SAS est donc un faisceau de lumière qui transporte les âmes. Sur terre, certains prétendent que *les étoiles qui scintillent dans le ciel sont les âmes bienveillantes des personnes défuntes.*

Je me sens tellement bien depuis ma mort. Mon esprit s'ouvre spontanément à la compassion, à un espoir dont l’horizon est infini et illimité. Une douce attraction gouverne mes pensées pleines d'harmonie et d'empathie.

— Oui, John ! Les émotions ici ne sont pas comparables. Tu vas bientôt découvrir la variation des dimensions, la réfraction des couleurs qui se modifient constamment ainsi que les sons vibratoires régénérants. Tu rencontreras également des âmes bienveillantes, à l’aspect physique proche de celui des humains, qui émettent de magistrales informations par le regard.

Chaque seconde est un enrichissement et ta connaissance augmentera à l’infini. Telle est l’histoire de l’univers, et la terre en fait partie. Tout est régi par des cycles. Au début de la création de l’homme, les âmes étaient au même stade d’évolution. Il y avait celles détériorées, confuses et nuisibles qui pouvaient en contaminer d’autres en générant des angoisses déstabilisantes au point qu'une âme de belle qualité pouvait se compromettre et s’abîmer.

A contrario, une âme saine pouvait avoir un effet salutaire sur une autre en perdition. Pendant 999 ans + 1 année, la bête a été emprisonnée laissant l'équilibre de l'univers s'autoréguler par lui-même.

Mais voilà, un nouveau cycle a commencé en 2016, l'année de la bête. Tu ne le sais sans doute pas, mais 666 + 666 + 666 + 6 + 6 + 6 = 2016 ! Ainsi, au dernier jour de cette année, la première étape du changement planétaire débuta avec l'arrivée d'un nouveau président controversé, portant le signe de Dieu 777. Ce sera, dès lors, le début d'un combat entre le bien et la bête qui tentera de prendre le pouvoir de l'univers en libérant un grand nombre d'âmes détestables emprisonnées dans des trous noirs et plus grave encore, elle modifiera l'ADN d'âmes éprises de justice et de bonté pour les relier à sa cause. Le bien ? Le mal ? Son ambivalence ? L'équilibre est rompu, John.

— Sympa ton programme ! Et du libre arbitre tu en fais quoi ?

—Il n'y a pas de hasard John. Au fait, mon nom sur terre était Dany et je vivais à New York. Tu veux savoir pourquoi je t'ai choisi ? Il y a longtemps, je faisais la manche sur les trottoirs du Bronx.

Tu t'es approché de moi et tu m'as demandé comment tu pouvais m'aider. J'ai répondu que tes seules paroles et ta bienveillance à mon égard étaient déjà une aide et un précieux réconfort puis tu m'as tendu un billet de cent dollars. J'ai pu nourrir ma famille pendant plus d'un mois.

L'âme de l'homme qui faisait la manche dans le Bronx apparaît enfin devant John sous la forme d'un hologramme, tel celui d'Anakin Skywalker et Dark Vador dans le film *Le Retour du Jedi*. Tous deux se regardent en souriant.

— John mon ami. C'est la première fois que nos âmes se rencontrent. L'équation cosmique est simple : une âme sauvée par un enquêteur des brigades spéciales de l'univers, lui offre la possibilité de continuer son voyage. Tu t'es repenti et moi j'ai sauvé une âme. Je vais donc prolonger mon voyage céleste en te laissant ma place. Pour toi, c'est le commencement de ta vie dans l'univers. Si tu parviens à ton tour à sauver une âme avant que le malin ne s'en empare, l'odyssée se poursuivra. Je te laisse maintenant. Tout se paye un jour John, le bon et le mauvais. Et rappelle-toi, les coupables sont des victimes et vice versa. De l'imbrication des valeurs est née la complexité humaine à laquelle tu vas devoir faire face dans le choix de l'âme que tu devras sauver. Il ne devra y avoir aucune vengeance aucun favoritisme, seul le cœur devra guider ton choix, sinon…

— Sinon quoi ?

— C'est simple… je reviendrai te chercher pour te remettre entre les mains des faucheurs qui te lâcheront dans un trou noir. Le *modus operandi*, c'est l'amour et la volonté de progresser vers le bien.

N'oublie jamais, *les bonnes décisions viennent du cœur, non de la tête*. Les Égyptiens l'avaient parfaitement compris, le cœur est le seul organe qui n'était pas retiré du corps du pharaon et qui était laissé intact dans la phase préparatoire à son embaumement. Ses viscères, après extraction, étaient quant à eux conservés dans de somptueux canopes pour y recueillir le foie, l'estomac, les poumons et l'intestin.

— Encore une question ! Pourquoi ai-je rajeuni et pourquoi le gauche que m'a collé le Casanova au Viper Room n'a laissé aucune trace sur mon visage ?

— Ça fait deux questions ! Mais je suis bon prince. Sur terre, nous cherchons des solutions pour nous déplacer à la vitesse de la lumière, et comme tu le sais, plus on se rapproche de cette vitesse, plus le temps ralentit. Ainsi, dès qu'on atteint la vitesse de la lumière, le temps s'arrête. Si tu regardais ta montre, tu ne verrais plus tourner les aiguilles. En fait, tu ne distinguerais plus cela puisque l'objet s'éloigne de la vitesse de la lumière, mais ceci est une autre histoire.

Si on extrapole, en dépassant la vitesse de la lumière, le temps s'inverserait, tu verrais donc les aiguilles tourner en sens inverse.

Ainsi, ton enveloppe terrestre a commencé à rajeunir, du moins par rapport à celle demeurée sur terre. D'une certaine manière tu as gagné du temps. Je sais, on ne perd, ni on ne gagne de temps. Mais c'est juste une image pour te faire comprendre.

— Ouais... Moi j'ai une question simple : pourquoi je rajeunis si je fais un petit tour dans l'espace ? C'est simple non comme question.

— Je vais essayer d'être pédagogue. Imagine des jumeaux ; l'un d'eux part faire un tour dans l'espace à une vitesse proche de celle de la lumière puis revient sur Terre. Celui resté sur terre a-t-il plus vieilli que celui qui a pris la fusée ? Naturellement je parle de phénomène physique et non biologique. La question que tu poses est, comment le temps peut-il s'écouler différemment pour deux personnes ? Il y a aussi un paradoxe dans le paradoxe. Le jumeau terrien voit son frère s'éloigner de la terre et y revenir. Et il vieillit plus que lui.

Mais le jumeau de la fusée peut tenir absolument le même raisonnement et conclure que c'est lui qui sera le plus vieux ! Alors, où est l'erreur ? Est-ce que l'un des deux sera vraiment plus vieux que l'autre ?

La solution du paradoxe, c'est que c'est bien le jumeau terrien qui sera le plus vieux. La raison en est que contrairement aux apparences, la situation n'est pas symétrique.

En effet, le jumeau terrien ne subit aucune force et aucune accélération : il est inerte. Le jumeau de la fusée, lui, doit agir pour modifier sa trajectoire et notamment freiner et repartir dans l'autre sens. Vive la théorie de la relativité d'Einstein ! Donc pour ta gouverne, la réponse exacte conduit à la conclusion que le temps s'écoule moins vite dans la fusée qui se déplace à une vitesse proche de la lumière que sur terre.

— Ah Ouais, je ne connais pas ce mec, sans doute quelqu'un qui devait tirer la langue pour savoir s'il pleuvait. Mais ce que je peux dire c'est que vous vivez à la préhistoire dans votre univers. Chez nous, sur terre, on ne se contente plus d'afficher l'heure avec des chiffres ou des aiguilles. Pour toi, je te propose le cadran Mickey Mouse qui tape du pied pour marquer les secondes en affichant l'heure avec ses deux bras !

— Pour ton information, je n'ai plus de montre, je l'ai donnée à un privilégié sur terre.

— C'est donc toi l'anonyme qui m'a offert l'Apple Watch ?

— Tu commences à comprendre John. Je t'ai choisi, c'est pourquoi je t'ai offert la montre du rachat. Mais reprenons. Je n'ai pas beaucoup de temps. En réalité tu es comme un poisson...

— Ben voyons, un poiscaille maintenant. Ça me va, à condition de ne pas finir en bouillabaisse.

— Imagine que tu es un poisson, nageant dans un étang. Tu peux te déplacer d'avant en arrière, d'un côté à l'autre, mais jamais hors de l'eau. Visualise qu'il y a une personne près de l'étang. Elle t'observe et tu ne sais pas qu'elle est là. Pour toi, ce petit plan d'eau représente ton univers. Imagine maintenant que celle qui t'observait se penche et te sorte de l'eau. Tu te rendrais compte que ton univers n'était qu'une simple piscine. En le quittant, tu découvrirais qu'il y a d'autres étangs, des arbres, des fleurs, un ciel au-dessus de tout cela. Tu constaterais que l'univers dans son ensemble est beaucoup beaucoup, plus vaste et mystérieux que tu ne pourrais jamais le rêver. Je vais te la faire simple pour toi John. La vie sur terre impose des limites, celles d'un étang, d'une piscine et pour être encore plus clair, celles d'un bocal, rond comme la terre. Lorsque l'âme d'un privilégié quitte son enveloppe terrestre, ces limites disparaissent tout en s'élargissant. Ce n'est plus un simple étang, mais un océan de planètes.

—Sacré job que celui d'enquêteur des brigades spéciales de l'univers, tu es en plus agent de voyages maritimes, Charles !

—Il existe, dans l'univers une infinité de planètes océan d'un troisième type. Imagine un océan sans fin, profond de plusieurs centaines de kilomètres, qui s'agite sous une fine atmosphère chargée en vapeur d'eau ; ou bien une mer froide dans laquelle flottent des icebergs de la taille de tes continents ; ou encore une banquise infinie. À côté de ces océans colossaux, ta planète bleue, avec ses 0,1 % d'eau, est toute sèche !

—Le Paradis Blanc ?

—Les comiques voyagent dans la soute à bagages ! Je poursuis. Dans celui où tu vas te mouvoir à la sortie du SAS, identifié sous le nom de Tempora, la flèche du temps est inversée, c'est-à-dire qu'il s'écoule dans l'autre sens, du futur vers le passé. Ainsi, sur la terre, on vient au monde bébé puis on devient adulte. Dans l'univers qui t'attend, on naît adulte et on meurt bébé. C'est assez clair pour toi ?

— Tu n'es pas fan de Woody Allen ? On devrait vivre sa vie à l'envers, en commençant par mourir, ça éliminerait ce traumatisme qui nous suit toute notre vie. Se réveiller dans un hospice, puis se faire expulser pour bonne santé. Travailler, jusqu'à devenir assez jeune pour profiter de la vie. Faire la fête, aller au lycée, au collège.

Puis devenir bébé. Passer neuf mois tranquille à flotter. Et pour finir, quitter ce monde dans un orgasme. En un mot, on commence par la fin pour rejoindre une fin. La quadrature du cercle. Bon, il me faudra un peu de temps pour m'y habituer.

Jusqu'à présent je pensais que c'était le bois qui prenait feu, mais jamais la fumée qui redevenait du bois. Encore une question – je te l'avais déjà posée...

— Ce sera la dernière John.

— Est-ce que j'étais déjà mort lorsque tu m'as parlé pour la première fois devant le miroir ?

— Oui ! On t'a offert vingt-quatre heures pour racheter ton âme. Ce que tu croyais être un cauchemar était en fait la réalité. Tu es mort hier ! Ou si tu préfères, tu es mort, la veille de ta mort !

— Pourquoi vingt-quatre heures ? Pourquoi pas une semaine, une année ?

— Je vais te révéler un ultime secret John. Le SAS est un trou de ver qui permet de créer un raccourci à travers l'espace-temps, et donc de voyager rapidement dans l'espace, par rapport au temps nécessaire pour parcourir une distance de manière linéaire.

Concrètement, le SAS s'apparente à une sorte de portail permettant de relier deux points dans l'espace à une vitesse supérieure à celle de la lumière, tout en voyageant en réalité à une vitesse bien plus faible. Il permet non seulement de rejoindre le futur, mais également le passé. À ta mort, lorsque tu as pénétré dans le SAS, tu es retourné plusieurs années en arrière et tu as pu ainsi voir ta vie défiler.

Une sorte de concentré de vie en vingt-quatre heures durant lesquelles tu as voyagé à travers un espace-temps différent de celui que tu as connu sur terre, un voyage retour vers ton passé qui a permis de revivre certaines scènes de ta vie. Par exemple, tu pensais que c'était ton imagination qui te rappelait tes souvenirs avec Laurence, il n'en est rien John, tu les as véritablement revécus.

— Je comprends ! Blessé dans mon orgueil et mon amour-propre, ma première faute fut de vouloir me venger des femmes, socle sur lequel j'ai construit ma vie... « *Elles vont toutes le payer !* ».

— Tu apprends vite John, tu feras un bon enquêteur. Et n'oublie pas, le cœur est le reflet de l'âme.

Soudain, deux hologrammes à la forme humaine translucide apparaissent. John reconnaît la belle chevelure blonde et la bouille de chat de Laurence et la stature imposante de Warren.

— Laurence mon seul amour, et toi Warren, mon unique véritable ami qui a partagé mes plaisirs ainsi que mes peines et toléré tous mes défauts. Je vous retrouve tous les deux enfin. C'est magique la mort et moi qui en avais tellement peur. C'est donc toi Laurence. Tu étais là pour m'inspirer lors de mon discours au MTV Movie Awards. C'est toi qui me poussais à ne plus tricher, à dire en toute sincérité et authenticité tout ce que j'avais sur le cœur.

C'était toi aussi qui me laissas un message sur les murs des immeubles insalubres de Crocker Street où habite ma mère. C'était toi le graffiti : *pardonner c'est cicatriser une blessure*. Tu étais là pour moi. J'ai plusieurs fois ressenti ta présence, mais je n'y ai jamais cru.

Laurence dirige son index gauche en direction de ce qui n'est encore qu'une simple forme. Dans l'instant, un hologramme à l'apparence humaine translucide se dessine, illuminé par des milliers de faisceaux incandescents qui ont remplacé les veines et l'ensemble du système artériel.

— Je te le redis, la source de vie dans l'univers est la lumière et celle-ci s'éteindra lorsque les étoiles tomberont du ciel ou seront dévorées par des trous noirs. John, tu fais désormais partie de l'univers. Nous allons vivre à l'unisson, mais avant, tu devras accomplir une dernière mission. Et pour cela il te faudra apprendre.

C'est ainsi que les choses se passent.

— Quelle mission ? Apprendre quoi ?

— Tu le sauras bientôt mon amour, nous reviendrons lorsque tu seras prêt.

— Ne partez pas ! Pas maintenant !

10.

... Le souvenir est le parfum de l'âme....

George Sand

Jack roule en direction de la villa des Carlson. En de telles circonstances, la procédure pour officialiser l'annonce d'un décès consiste à se présenter à la famille en uniforme accompagné d'un officier médical. Mais Jack a obtenu de sa hiérarchie une dérogation compte tenu de ses relations avec la famille. Même s'il n'a pas particulièrement d'atomes crochus avec Élisabeth, trouver les mots justes et la manière adéquate pour l'en informer ajoute une préoccupation supplémentaire. Comment lui annoncer la mort de John, se demande-t-il lorsqu'il se présente au portail de la villa, réveillant Yin et Yang qui ont flairé sa présence.

Plusieurs coups de sonnette font sursauter la femme de ménage peu habituée à des visites : chez les Carlson on s'invite, mais on n'invite pas ! Elle finit par ouvrir la porte :

— Bonjour Madame, je suis le capitaine Jack, du Beverly Hills Police Department. Puis-je parler à Madame Carlson ?

Élisabeth qui reconnaît la voix de Jack l'invite à entrer, tandis que la femme de ménage surnommée Miss Plumeau par John lui emboîte le pas afin de ne rien rater du motif de sa venue qu'elle soupçonne de mauvais augure.

— Bonjour Capitaine ! Que me vaut l'honneur de cette visite à une heure aussi matinale ? John n'est pas là, il est à sa partie de golf, à moins qu'il ne soit avec une de ses actrices de cinéma aspirant à faire une carrière de star.

— Pouvons-nous nous asseoir ?

— Vous êtes bien mystérieux Capitaine ! Je vous sers quelque chose à boire ? Un café !

— Non merci. Euh... John a eu... un accident...

— Comment ça un accident ! C'est grave ? Où est-il ?

— Il est... il... il est décédé et une enquête vient d'être diligentée.

Élisabeth devient livide, figée sur place, le regard dans le vide et la bouche à demi ouverte, façon carpe en quête d'oxygène. Une vraie scène de théâtre ou plutôt du grand guignol !

Elle ne s'arrête plus de chouiner en hochant la tête, dodelinant de gauche à droite tel un pantin désarticulé.

C'est pathétique, les bons sentiments, les gros violons, les lèvres qui tremblent, pense Jack qui l'observe silencieusement. Tout à coup, elle explose, avec cette faculté qui révèle le talent des grandes comédiennes qu'elle n'a pas et balance de rage sur un des tableaux du couple Kennedy, suspendu au mur, le verre d'eau que vient de lui apporter Miss Plumeau. Il bondit vers elle, la prend sous les bras et la soulève du fauteuil. Il la serre très fort et inspire profondément durant de longues minutes. Les spasmes nerveux diminuent et laissent place à des pleurs mêlés de sanglots d'amertume et de lamentation.

Alertée par le bruit, Caroline se précipite dans le salon. Se réveiller le matin d'une soirée arrosée au Viper Room, avec l'impression d'avoir une machine à laver dans le ventre, c'est courant pour cette jeune fille.

— Que se passe-t-il ?

Jack la fixe, non sans s'attarder sur sa tenue, un simple shorty sexy noir en dentelle dont la finesse n'échappe pas à son regard.

Miss Plumeau, voyant Caroline ainsi vêtue, lui tend son kimono d'intérieur qu'elle s'est empressée d'aller chercher dans sa chambre.

Jack lâche Élisabeth qui se réfugie dans les bras de sa fille qui n'a toujours pas compris ce qui se passait. Elle verse comme à son habitude ses fameuses larmes de caïman de Floride.

— Ton... pè... ton... ton père est... mort...

Mère et fille s'enlacent dans une étreinte mêlée d'émotion, de désarroi et de chagrin, scène de tristesse et de détresse qui sonne faux. Les comédiennes n'avaient sans doute pas suffisamment répété, intériorise Jack. Mon pauvre John, si tu pouvais voir ce spectacle. Il connaît les relations que son ami entretenait avec Élisabeth.

Elle lui imposait une abstinence monastique, plus de tendresse, plus de caresses, plus d'alchimie et, depuis des années, ils faisaient chambre à part. Il lui avait même confié qu'il la trompait uniquement pour se venger. Leur couple, construit sur l'apparence d'un parfait simulacre n'était plus, en réalité, qu'une peau de chagrin.

— C'est arrivé comment ? demande Caroline en pleurs.

— Un rondin de bois qui s'est détaché du chargement d'un camion et l'a percuté en pleine poitrine. Il est décédé quasiment sur le coup.

— A-t-il souffert ?

— Non, répond Jack ému en imaginant la scène.

En fait, il n'en sait rien, mais comment pouvait-il répondre autrement ?

Un pesant silence entrecoupé de pleurs et de reniflements s'est installé que Jack se décide toutefois à briser, formalités obligent :

— Voulez-vous m'accompagner pour l'identification du corps ?

— Accordez-moi quelques minutes et je suis à vous, réagit Élisabeth dont le chagrin et la tristesse ne semblent déjà plus qu'un lointain souvenir.

— Je vais avec Mam.

— Oui et téléphone à ton frère pour le prier de nous rejoindre à... à quelle adresse ? demande Élisabeth en fixant Jack droit dans les yeux.

— Country Department Of Coroner, 1 104 N Mission Rd.

— Et si nous allions voir le Coroner, réplique sèchement Élisabeth.

*

Jack est conscient qu'il fait une entorse au règlement en accompagnant Élisabeth et Caroline, en voiture banalisée de la police de L.A. en direction des services du Coroner du comté de Los Angeles. Mais il le fait en mémoire de son ami.

Arrivé à la morgue du Country Department Of Coroner, Élisabeth et Caroline découvrent dans une cour, un bâtiment austère. Une ambiance comme dans les films de Dracula y règne. C'est dans ce lieu que le corps de John repose désormais.

*

En grande discussion avec le Docteur Nicolas Strong, l'un des Coroners, John John voit arriver sa mère et sa sœur accompagnées de Jack pour lequel il a une immense estime. Élisabeth, la bouche sèche et le cœur battant se jette dans les bras de son fils.

Après les présentations d'usage, le Docteur Strong les invite à le suivre dans une pièce éclairée par des néons blafards spécialement aménagée pour l'identification des cadavres.

Il s'approche d'une table métallique où se trouve un corps dissimulé sous un linceul blanc immaculé qu'il soulève jusqu'à l'épaule pour ne pas choquer la famille et lui épargner la vue d'une chair meurtrie. À son pied, dépasse une étiquette accrochée à un des orteils.

— D'après nos premiers examens, votre mari est décédé quasiment sur le coup, la cage thoracique a été enfoncée.

Ce dernier détail est de trop pour la pauvre Élisabeth qui lance un cri à réveiller les morts, mais ça ne marche pas !

Quant à Caroline, elle vient de confirmer son statut de pleureuse professionnelle.

Jack finit par craquer devant le spectacle affligeant qu'offrent la mère et la fille.

— Je vous invite à poursuivre dans le bureau du Coroner, réplique-t-il d'une voix sèche qui trahit son indignation.

— Vous savez quoi Capitaine ? Je vous ai toujours trouvé antipathique, balance Élisabeth le regard noir.

Jack la fixe droit dans les yeux tel un cobra cherchant à hypnotiser sa proie avant de cracher son mortel venin. Élisabeth accepte le défi durant quelques secondes d'une attitude provocatrice teintée de dédain, puis capitule. Histoire sans paroles d'un profond mépris réciproque que Jack parvient à contenir par respect pour son ami.

Resté à l'écart et conscient de la tension qui règne, John John quitte le premier la pièce, suivi par Élisabeth soutenue par Caroline.

Le Docteur Strong et le capitaine de police leur emboîtent le pas en silence.

De retour dans son bureau, le légiste leur remet un sac à l'intérieur duquel ont été soigneusement rangées les affaires que John portait sur lui au moment du décès ainsi qu'un imposant dossier qu'il leur faudra remplir. Puis, il leur fait signer la levée d'identification du corps.

— Je vous prie de transférer mon père à notre domicile pour que nous puissions organiser une veillée funèbre et permettre à notre famille de venir lui rendre un dernier hommage. Pour toutes les formalités, je vous demande de passer par moi, lance John John en regardant Jack qui lui fait un signe d'approbation.

Élisabeth, surprise et embarrassée par la situation, baisse la tête résignée. Caroline esquisse un sourire vers son frère.

— Je vous raccompagne à la résidence, propose Jack.

*

Tout en conduisant en direction de la villa de la famille Carlson, Jack scrute dans le rétroviseur Caroline qui semble être entrée dans une profonde méditation, les yeux rivés sur la montre que son père lui a donnée au *Viper Room* !

Elle est en fonction *timer* et l'inscription *Time done* est affichée sur la date d'hier, comme si le temps avait reculé, comme si son père était mort la veille !

Elle regarde dans le rétroviseur et croise les yeux de Jack qui l'observe. Flic un jour, flic toujours ! songe-t-elle.

— À quoi pensez-vous Caroline ?

— Je pensais à ce que m'a dit mon père ce matin juste avant de partir, répond-elle.

— Je peux savoir ?

— C'est à peine croyable que je me souvienne par cœur de ses paroles : *si on y réfléchit bien, nous sommes tous morts hier. Dès notre venue au monde, le tic-tac de notre finitude sur terre est lancé par le grand marionnettiste de l'univers. Notre enfance, pour peu qu'elle ait été meurtrie, frappée au coin du désamour, gangrène le peu des ans qui nous sont impartis et nous fait nous haïr.*

Ainsi, allons-nous sur le lac de la vie dans une barque percée et nous la passons à écoper en vain ce qui de toute façon ne se peut réparer. Après de nombreuses quêtes ou de multiples errances, une seule certitude reste acquise : ce n'est qu'avec beaucoup de recul et d'amour que l'on peut pardonner et rejoindre un monde meilleur où nous attendent ceux qui nous ont quittés.

Il m'a également dit d'autres choses, mais c'est personnel. Je sais aujourd'hui qu'il sera toujours là pour moi.

Jack la regarde en esquissant un léger sourire.

— Votre père connaissait-il un certain Charles ?

— Pas que je sache, pourquoi ? demande Caroline.

— Pour rien… Et vous Élisabeth ?

— Jamais entendu ce nom, mais John avait plusieurs vies.

— Pourquoi toutes ces questions ? Réplique John John visiblement agacé par cet interrogatoire.

— J'essaie simplement de comprendre pour quelle raison votre père a crié *Charles* avant de rendre son dernier souffle et pourquoi un certain *Charles* l'avait précisément appelé quelques heures avant ce tragique accident ?

— Flic en toute circonstance. Vous n'avez pas mis longtemps pour fouiller son téléphone. Pas vrai Jack ? Réponds Élisabeth.

Caroline qui ne supporte pas l'attitude de sa mère lui rétorque sèchement.

— Maman, il fait seulement son travail !

— Oui flic jusqu'au bout des ongles, mais surtout John était beaucoup plus qu'un ami.

Jack se remémore des souvenirs, il repense en souriant à certaines de leurs soirées passées à refaire le monde.

— Caroline, votre père aimait-il la France ?

— Oui beaucoup, grand-père également, il nous en parlait toujours lorsque nous lui rendions visite dans la maison où papa l'avait placé après sa séparation avec grand-mère. Il était très malade. Mais il évoquait pour nous la France, son débarquement en Normandie, Paris, les excellents vins, les magnifiques monuments et les jolies Françaises. Savez-vous qu'il a été blessé en Alsace ? Il était motard, il avait reçu une balle dans le pied. C'était son souvenir de France disait-il. Papa et lui restaient de longues heures à discuter de la guerre.

Moi, je les écoutais raconter leurs histoires sans trop comprendre, mais c'est ainsi que j'ai commencé à découvrir et aimer ce pays.

— Avez-vous visité Paris ?

— Oui, à plusieurs reprises, j'ai même eu une aventure avec un mignon petit Parisien. Depuis, j'écoute des chansons françaises sur Internet et je les aime, même si je ne saisis pas toujours les paroles.

Le français est une langue difficile et subtile, mais plus que toute autre chose, écouter ces chansons m'a rapprochée de papa et grand-père. J'ai un faible également pour les poètes français, comme Victor Hugo et même cette femme poète qui a le nom d'un homme ... je ne m'en souviens plus. Laissez-moi réfléchir ... Ah oui, George Sand ... Je crois que c'est comme ça qu'elle s'appelait. Dernièrement, un chanteur français que j'ai découvert est décédé. Michael Despecht *(Michel Delpech)* un nom comme ça... il a écrit une chanson quelques mois avant de mourir. C'était comme une prière où il remerciait Dieu de son temps sur Terre : *Le bout du chemin*, il me semble, ce qui signifie la fin du voyage, ou quelque chose comme ça. J'ai utilisé Google Translate pour traduire les paroles, c'est très émouvant.

— Et bien moi aussi je me souviens de ces interminables visites chez ton grand-père. Pendant que les hommes échangeaient leurs histoires de *Pan ! Pan ! j'tai tué, t'es mort !*, je m'isolais dans la bibliothèque pour lire.

— Ah, bon ! Et vous lisiez quoi ?

— Chez votre grand-père, il n'y avait que trois types de livres : guerre, sexe ou poésies françaises. Je me souviens d'un texte d'Alphonse de Lamartine. Il l'a écrit en le dédicaçant à une jolie jeune femme.

Le livre de la vie est le livre suprême. Qu'on ne peut ni fermer, ni rouvrir à son choix ; Le passage attachant ne s'y lit pas deux fois. Mais le feuillet fatal se tourne de lui-même ; On voudrait revenir à la page où l'on aime. Et la page où l'on meurt est déjà sous vos doigts.

— C'est beau et juste, répond Jack

— Il n'y a que les Français pour écrire de si belles choses. Alphonse de Lamartine est l'un de mes préférés. *Naître avec le printemps, mourir avec les roses ; sur l'aile du Zéphyr nager dans un ciel pur ; balancé sur le sein des fleurs à peine écloses ; s'enivrer de parfums, de lumière et d'azur ; secouant, jeune encore, la poudre de ses ailes ; s'envoler comme un souffle aux voûtes éternelles : voilà du papillon le destin enchanté. Il ressemble au désir, qui jamais ne se pose. Et dans se satisfaire, effleurant toute chose, retourne enfin au ciel chercher la volupté !*

Jack regarde Caroline dans le rétroviseur.

— Votre père serait fier de vous, de la femme que vous êtes devenu Caroline.

—« J'aurais pu c'était pas malin, faire avec lui un bout de chemin ». Savez-vous ce que représente cet insecte Jack ?

—On s'en moque de ce qu'il représente. Tu crois que c'est le moment de réciter des poèmes, lance Élisabeth.

—Non je ne sais pas, dites-moi Caroline.

—Le papillon est un symbole de l'âme. Cette figure allégorique parle de la beauté d'une vie éphémère. Le lépidoptère, symbole de grâce et de légèreté, est associé à ses métamorphoses. La chenille se transforme en chrysalides pour émerger en joli papillon, une autre allégorie de la résurrection.

—C'est la chenille qui fait tout le boulot et c'est le papillon qui en récolte la gloire. Comme dab... Réponds John John

— Vous arrêtez !!! Vous avez oublié que papa est mort hier... lance Élisabeth au bord de la crise de nerfs.

— Comment ça hier ? demande Jack.

Soudain, l'Apple Watch clignote et émet trois bips sonores puis affiche une valeur qui décroît à mesure que le temps passe inexorablement.

11.

... Rien de ce qui est fini n'est jamais achevé tant que tout ce qui est commencé n'est pas terminé...

Pierre Dac

Plus de vingt printemps ans se sont écoulés depuis la mort de John. Et malgré plusieurs années de recherches et d'enquêtes, Jack n'est jamais parvenu à élucider les véritables circonstances de sa mort.

La mère de John s'est éteinte d'une crise cardiaque il y a deux ans. Elle repose pour l'éternité à côté de son mari.

Élisabeth qui s'est découvert des talents de peintre n'a pas perdu de temps et a très rapidement refait sa vie avec son amant Steven Palace devenu Directeur général d'une entreprise cinématographique. Tous deux vivent dans la somptueuse villa à Pacific Palisades, les dispositions testamentaires laissées par John ayant été rigoureusement respectées.

Caroline a quitté L.A. avec des béquilles, les craintes de son père au *Viper Room* étaient tristement fondées. Elle survit désormais avec son ostéosarcome à San Francisco où elle a découvert l'amour. Elle porte toujours à son poignet l'Apple Watch offerte par son père, une merveille de technologie moderne dont la fonction essentielle est de sublimer l'irrépressible besoin humain de calculer, de mesurer, de quantifier, de planifier. Ce bracelet entrave son poignet pour lui rappeler, *ici c'est toi, le reste c'est l'univers, contrôle tes actes et méfie-toi du lendemain !* Elle fait ringarde cette montre vieille de plus de vingt ans, carrément obsolète, mais elle symbolise la présence éternelle de son père, comme elle aime l'évoquer aux personnes qui la taquinent sur l'ancienneté du modèle. Elle ne s'est jamais résignée à en changer bien qu'elle sache que la dernière version de cette montre intègre des fonctionnalités innovantes à commencer par l'échange de données entre deux terminaux proches. C'est un véritable cabinet médical qui vous informe en temps réel sur votre état de santé et vous place, le cas échéant, en visioconférence avec un médecin ou lance automatiquement l'achat de médicaments aux meilleurs prix, livraison à domicile compris.

Caroline sourit en se rappelant qu'il y a vingt ans, elle courait avec des écouteurs sur les oreilles ; aujourd'hui les joggers courent avec leur Apple Watch au poignet qui leur envoie toutes les dix minutes un bilan avec des encouragements : vous avez déplacé vos 61 kg sur 800 m en 10 min à une vitesse moyenne de 4.8 km/h soit 12 min 29 secondes par km. Vous avez brûlé 50.5568 calories lors de votre parcours. Encore un petit effort et nous recevrons votre bilan santé entre deux foulées. Vive le progrès !

L'assurance vie léguée à cette femme de couleur que son avocat n'eut aucune difficulté à retrouver dans le quartier de Fashion District lui a permis de profiter des avancées médicales dans le traitement de la maladie du sida et de bénéficier de soins personnalisés. Elle a pu voir sa fille grandir quelques années de plus, mais malheureusement, elle n'a pas permis de lui offrir une guérison totale. L'argent n'achète pas tout !

Quant à sa petite fille devenue une adolescente studieuse, elle se lança corps et âme dans des études d'infirmière, financées par cette somme d'argent dont elle n'a, durant plusieurs années, pas bien compris la provenance ; tombée du ciel, disait-elle ! L'argent n'achète pas tout, certes, mais il donne, quelquefois, un peu de bonheur.

John John est devenu un brillant médecin spécialisé en chirurgie réparatrice ; il a créé une association offrant des soins aux plus démunis afin de leur donner la possibilité d'une éventuelle insertion professionnelle, mais continue en parallèle la chirurgie plastique et esthétique pour les très riches.

Pour Élisabeth, ce jour est particulier : elle expose ses œuvres lors d'une soirée de vernissage où tout le gratin de Hollywood est convié grâce aux relations de son mari et à l'important réseau mondain de son nouvel amant. *Suis-je toujours la plus belle ?* demande-t-elle à son miroir juste avant de quitter la villa. Le bougre, il ne répond toujours pas. Au volant de sa Porsche Cayenne, elle roule en direction de Hollywood boulevard où se situe la galerie d'art qui propose ses toiles. Son homme comme elle l'appelle, sans doute afin de ne pas le confondre avec son amant, la rejoindra plus tard. Elle sait qu'on la regarde lorsqu'elle s'arrête à un feu tricolore. Parce que je le « VEAU » bien se dit-elle.

*

À San Francisco, dans le quartier poussiéreux d'Haight-Ashbury, berceau des mouvements hippies des années 1960, Caroline se prépare pour le mariage de sa fille Julie, un drone militaire pour reprendre l'expression favorite des adolescents de l'époque.

Debout face au miroir récupéré de la villa de son père, Caroline se maquille avec nostalgie en repensant à sa rencontre avec son homme

Adam, un doux rêveur, amoureux de musique classique. Une larme vient perler à sa paupière.

Adam avait quitté son poste d'enseignant pour vivre pleinement sa passion en devenant indépendant. Il prenait contact avec d'anciens chefs d'orchestre ou leurs descendants, comme H. Scherden, H. Abendroth ou encore W. Furtwaengler, pour leur demander l'autorisation de publier des disques de leurs œuvres. Adam les vendait de par le monde via sa petite entreprise Tahra Story, les pays asiatiques en étant tout particulièrement friands.

Caroline qui avait fini par succomber aux charmes de la langue française était traductrice dans une maison d'édition. L'arrivée de leur fille Julie les combla de bonheur. En tant que créateur d'une auto-entreprise, Adam travaillait jour et nuit assis sur sa chaise devant son ordinateur, sans aucune activité physique, jonglant avec les décalages horaires des pays où il exportait ses disques. Il y a environ six mois, il ressentit des douleurs à une jambe. Son médecin de famille l'obligea à se faire hospitaliser afin d'effectuer une série d'examens. Deux jours après son admission, Adam mourrait des suites d'une phlébite. Caroline était détruite !

Ayant rompu les liens avec sa mère depuis la mort de son père, elle se retrouva rapidement sans argent. Les auto-entrepreneurs ne devenant jamais riches - au mieux, ils survivent - elle fut contrainte de travailler davantage, acceptant même occasionnellement des soirées lucratives d'*escort girl* sans béquilles pour offrir le meilleur à sa fille, en se gavant de cachets pour diminuer les douleurs dans ses muscles et articulations. Le mariage de sa fille aujourd'hui est pour elle le seul véritable moment de joie depuis la disparition d'Adam.

Le téléphone sonne.

— Magnifique journée en perspective Caroline, tu as bien raison de te faire belle puisque c'est ton dernier jour sur terre ; *Tic, le temps passe…*

— Aslinn, tu sais que je n'aime pas les blagues ! réplique-t-elle amusée, pensant immédiatement à une bouffonnerie de son futur gendre dont elle connaît l'humeur taquine.

— Mon nom est John, je suis un enquêteur des brigades spéciales de l'univers. Regarde ta montre, ce sont tes dernières vingt-quatre heures.

Cette voix ? Je connais cette voix, se dit-elle les yeux écarquillés.

— C'est toi papa ? C'est toi ?

Depuis le décès de son père, Caroline n'avait jamais réussi à… *Tuer le mort qui était en elle.*

12.

… Voilà le commencement de la fin…

Charles Maurice de Talleyrand

C'est dans une ville emblématique des États-Unis que Julie et Aslinn, son séducteur d'Irlandais, avaient décidé de se marier.

Avec son Golden Gate, ses fameuses maisons victoriennes, la prison d'Alcatraz où fut emprisonné Al Capone, ses 40 collines, son fantastique Cable Cars, sans oublier les coffee snobs : les touristes sont nombreux à San Francisco et le plus novice d'entre eux pourrait vous parler pendant des heures des délicats arômes de miel, de pêche ou d'orange d'une tasse de café.

San Francisco n'est plus vraiment la ville bohème et scandaleuse des années hippies, mais l'épicentre de la planète high-tech avec Apple, Facebook et Google. Ne vous étonnez donc pas si vous croisez dans les nouveaux quartiers pharaoniques d'*Infinite Loop et Hacker Way*, une voiture sans conducteur : les rues sont les pistes d'essais de véhicules autonomes.

Jack n'a jamais pu identifier et encore moins approcher Charles, et pour cause ! Hanté jour et nuit depuis la mort de son ami, il ne manque aucune occasion de côtoyer de près la famille Carlson.

L'invitation par Caroline au mariage de sa fille Julie est une véritable aubaine qu'il ne raterait pour rien au monde. Convaincu depuis toujours que les circonstances de la mort de son ami ne sont pas claires, il retrouve une nouvelle jeunesse en embarquant à bord d'un vol pour San Francisco, bien déterminé à ne pas quitter Caroline d'une semelle.

*

Une fois l'indispensable Wedding License en poche, Julie et Aslinn choisirent pour prononcer leurs vœux, le City Hall de San Francisco en haut du grand escalier, sous l'imposante horloge. La classe !

Trépidante d'impatience sur ses béquilles, Caroline aperçoit son frère accompagné d'une jeune et jolie blonde platine sortie tout droit du moule à starlettes d'Hollywood. Les chiens ne font pas des chats, pense-t-elle en se jetant dans les bras de son frère après avoir laissé tomber ses horribles poteaux sur le sol.

— Alors le témoin de ma petite Julie est en retard ?

— Excuse sœurette. Prendre un avion devient un vrai parcours du combattant avec tous ces contrôles. Et toi comment vas-tu ?

— J'adore tes problèmes, lui rétorque-t-elle avec un sourire malicieux. Je vais très bien, mon ostéosarcome progresse ! Tu ne me présentes pas ?

Il la serre dans ses bras et lui murmure tout bas à l'oreille :

— Il y a plus de sept milliards de sourires, mais c'est le tien que je préfère. Je t'aime frangine, puis il se ressaisit remarquant que son amie la fusillait des yeux. Je te présente Marilyne.

— Enchantée, votre prénom vous va à ravir ! Bravo, vous avez réussi à faire sortir l'ours de sa tanière. Vite, vite, l'officier d'état civil attend !

Le laïus imposé et la formule magique « *I Do* » n'ont duré que cinq minutes, montre en main. Et voilà, Julie la Ricaine et Aslinn l'Irlandais mariés civilement. Caroline aurait tellement souhaité que son père soit présent au mariage de sa petite fille qu'elle se demande si elle n'a pas rêvé sa voix au téléphone. C'est quoi un enquêteur des brigades spéciales de l'univers, s'interroge-t-elle.

L'absence de sa mère Élisabeth pour cause de vernissage, ne lui fait ni chaud ni froid.

Elle l'a toujours considéré responsable de la mort de son père.

La famille et les invités se sont donné rendez-vous devant le plan d'eau de St. Patrick Church pour la cérémonie religieuse désirée par Julie. Cette église érigée au milieu du XIXe siècle par des Irlandais installés à San Francisco demeure un des plus vieux lieux de culte de style gothique de la ville.

Choisie poétiquement par Julie en l'honneur de son futur époux Aslinn pour y célébrer leur union, elle reste aujourd'hui un endroit de villégiature incontournable nichée entre hôtels de luxe et verdure. Son élégante architecture est accentuée par les couleurs nationales irlandaises avec son marbre blanc et vert du Connemara.

D'un caractère romantique, Julie souhaitait que la cérémonie qui consacrerait son union et sa nouvelle vie avec Aslinn soit, également, un hommage rendu à son grand-père. Le bouquet de fleurs blanches qu'elle tient délicatement dans sa main gauche, côté cœur, en est le symbole. C'est d'ailleurs l'unique touche de blanc dans sa tenue qui s'harmonise à la couleur écrue de sa robe de dentelle irlandaise, connue pour le raffinement et la complexité de ses points.

Pas d'épaules dénudées, mais un ravissant décolleté de forme carrée qui accentue sa grâce naturelle, celle qu'aucun bistouri ne pourra jamais révéler.

Pas de voile, pas d'interminable traîne, la sobriété confère l'élégance, héritage maternel sans doute. Aslinn, blagueur, mais réservé, n'a pas souhaité porter le kilt irlandais, juste un costume gris beige, une ceinture et une cravate verte, ainsi que des boutons de manchette ciselés des symboles traditionnels irlandais.

Pour Caroline, tout ce qui compte est de voir sa fille comblée de bonheur et que cette journée s'inscrive comme le plus beau jour de sa vie, pleine d'amour, de rires et d'heureux souvenirs. Mais elle ne peut s'empêcher de penser au coup de fil reçu et à la voix de cet enquêteur…

Au lieu de dire tout et n'importe quoi sur leur union, le prêtre avait demandé aux futurs mariés de rédiger une déclaration qui révélerait la grandeur de leur amour respectif. Julie et Aslinn ont choisi un extrait de Whitman pour se déclarer leur flamme.

— *Mon capitaine, mon capitaine ! Que le prodigieux spectacle continue et que tu puisses y apporter ta rime*. Quelle est ta rime Aslinn ?

— *Cueille le jour présent sans te soucier de l'avenir. Carpe Diem !* La voilà ma rime Julie, répond Aslinn.

Un ruisseau de larmes balafre les joues de Caroline. Elle se souvient…

C'était il y a bien longtemps lorsque son père l'avait rejointe au *Viper Room*. Elle ne savait pas que ce serait la dernière fois qu'elle le verrait vivant.

— *Ma capitaine, ma capitaine ! Que le prodigieux spectacle continue et que tu puisses y apporter ta rime.* Quelle est ta rime Julie ?

— *Carpe Diem ! Carpe Diem ! Profitez du jour présent mes chéris,* répond Caroline qui sait désormais…

Quel moment d'intense émotion pour Julie et Aslinn. Puis, vint l'instant magique de l'échange des consentements et de la surprise lorsqu'Aslinn glissa à son annulaire gauche le Claddagh, bague constituée d'un anneau d'or comportant deux mains tenant un cœur surmonté d'une couronne. Il le fit lentement glisser sur son doigt, la pointe du cœur dirigée vers elle, tradition irlandaise signifiant qu'elle est mariée, tandis que son cœur, lui, palpitait de bonheur.

*

Julie, au paroxysme d'une envahissante et douce félicité, cherche sa mère du regard, elle mesure les sacrifices et les efforts fournis en dépit de sa grave maladie. Elles se sourient avec une infinie tendresse alors que les premières paroles de *All You Need Is Love* des Beatles accompagnent la fin de la cérémonie religieuse.

*

Mariés et invités se retrouvent pour la plus grande joie de tous au St Régis situé dans le quartier haut en couleur de Soma, pour la troisième mi-temps du mariage.

Mariage fastueux, mariage heureux?

Caroline, avec l'aide financière de son frère et quelques soirées d'*escort girl,* avait pu offrir le must à sa fille. Pour elle, rien n'était trop beau : une salle de bal avec de gigantesques baies vitrées offrant une vue imprenable sur San Francisco, des traiteurs professionnels formés à l'excellence française pour servir une gastronomie digne des grandes toques parisiennes et un DJ pour assurer l'ambiance musicale de la soirée.

Ce ne sont pas mes béquilles qui vont m'empêcher de faire la fête, se convainc-t-elle en rejoignant la piste pour un concours de twist, plus précisément un remake de la danse mythique de Pulp fiction.

Bien décidée à profiter de ce pur moment d'ivresse, elle va jusqu'à laisser tomber ses potences et invite son frère à se joindre à elle. Soudain, elle tourne la tête et aperçoit Jack avec un paquet dans les mains qu'il pose sur la table des cadeaux dressée à l'entrée de la salle du restaurant.

C'est un peu comme si elle voyait son père, leur complicité amicale étant devenue au fil des années, connivence fraternelle. John et Jack, deux amis inséparables.

Elle se précipite vers lui en oubliant ses béquilles. Elle chute lourdement sur le parquet en bois. Tous accourent, mais Jack est le premier à la soulever et la prendre dans ses bras. La tension du mariage et les souvenirs ajoutés à la douleur aiguë que sa chute a réveillé lui arrachent les premières larmes. Elle pleure en regardant les secondes s'écouler inexorablement sur sa montre, et plus rien ne peut l'arrêter, pas même Julie.

Le brouhaha mêlé aux sanglots empêche Caroline d'entendre les vibrations de son téléphone, rangé dans son sac posé près de sa chaise. Alors qu'elle le saisit pour y prendre un mouchoir, le clignotement de son portable indiquant l'arrivée d'un message, l'interpelle. Machinalement elle l'écoute : *Pourquoi ces larmes ? Je viens te chercher comme promis ! Il te reste une petite quinzaine d'heures à vivre sur cette terre. Tic, le temps passe…*

Jack l'observe écouter le message. Son instinct de flic se met en éveil ; il profite d'une place laissée libre à côté de Caroline, sans doute par l'un des danseurs sur la piste, pour venir s'asseoir près d'elle.

— Je t'ai regardé danser, *Waouh* tu fais concurrence à Uma Thurman dans Dirty Pulp fiction, lance Jack, assorti d'un sifflement d'admiration, évitant d'évoquer l'épisode de sa chute spectaculaire qui aurait pour conséquence de lui rappeler sa terrible maladie.

— C'est mon père qui a trouvé le médicament pour que je puisse être en forme aujourd'hui. Je le lui avais demandé il y a trois mois déjà.

— Ah ! Comme ça tu as revu John ? Et il t'a trouvé le remède miracle pour que tu puisses te déhancher sur la piste pour le mariage de ta fille ! Et tu l'as rencontré où ? au Mc Do du coin ?

— Si je te racontais, tu ne me croirais pas.

— Moi, j'ai pour habitude de presque tout gober.

Caroline regarde Jack, elle connaît les sentiments de son cœur.

— Avant son terrible accident, mon père est venu me voir au *Viper Room*.

— Je sais... j'ai interrogé tous les serveurs et les clients de cette soirée.

— Je me doute bien que tu sais, mais tu ne sais sûrement pas de quoi nous avons parlé ce soir-là.

Nous n'avions jamais autant discuté que durant cette dernière nuit, puis il m’a donné sa montre et m’a demandé d’écouter l’univers. Il m’a affirmé que je pouvais poser des questions, et que les âmes me répondraient. Naturellement, je ne l’ai pas cru. Mais je lui ai fait la promesse de le faire. Et l'au-delà m'a répondu !

— Continue, répond Jack nullement surpris, car depuis la mort de John, plus rien ne l’étonne, il va de surprises en surprises. Alors une de plus ou une de moins, pense-t-il.

— Un soir, j’ai eu une violente crise, je ne pouvais plus me tenir sur mes béquilles. J’ai immédiatement pensé au mariage. J’ai donc demandé à l’univers de m’aider à ne plus avoir mal afin que ma petite Julie soit pleinement heureuse le jour où elle dirait *Oui* à l’homme de sa vie. J’ai toujours adoré lire des livres de science-fiction et chaque semaine, une amie m’accompagne dans une librairie spécialisée dans ce genre de bouquins. Entre deux rangées, un livre est tombé devant moi sur le sol. Alors que je le remettais en place, il s’ouvrit sur une page que quelqu'un avait certainement lu plusieurs fois. J’ai donc lu cette page, elle parlait de remèdes de grands-mères contre différents maux. J’étais intriguée, car ce n’était pas la place d’un tel livre dans une librairie spécialisée en science-fiction.

De retour à la maison, j'ai cherché sur internet les effets du remède référencé dans le livre et j'ai pu constater les bienfaits de ce traitement. Tu vois Jack, je suis persuadée que c'est papa qui a laissé tomber le livre devant moi ce jour-là. Maintenant tu peux le croire ou non, mais à vrai dire, cela n'a aucune importance.

— Je te crois, et j'essayerai également. Et si tu me parlais de tes projets ?

— Mes projets ! Elle est bonne celle-ci ! Mes projets, ou plutôt mon projet, il est simple. M'assurer que ma petite Julie soit heureuse et, et... partir.

— Tu pars en voyage ?

C'est sur son visage crispé de douleur que Jack lit la réponse. Il la regarde se lever difficilement de sa chaise.

— *Sois sage, ô ma douleur et tiens-toi plus tranquille*, lance-t-elle en plaçant les béquilles sous ses aisselles. Bon ! Eh bien en attendant ce fabuleux voyage aux allures de safari pour éclopés, je dois m'occuper de mes invités. Et si tu nous montrais comment un flic danse sur Pulp fiction ? Je l'ai fait, tu devrais y arriver.

En voulant rejoindre la table des mariés, Caroline rechute lourdement sur la piste étonnamment vide. Julie se précipite, suivie de John John et de Jack.

La confusion règne, la musique s'arrête. Elle est toujours à terre, les yeux ouverts, elle essaie de dire quelque chose, mais aucun son ne sort.

Jack ordonne à tous de s'éloigner pour la laisser respirer tout en composant le 911, l'unique numéro des urgences. Comme l'exige la règle d'or, il reste en ligne jusqu'à l'arrivée des secours, en répondant aux questions posées par l'opérateur. Ce dernier demande de ne pas bouger Caroline, juste la recouvrir d'une veste. Julie mesurant la gravité de la situation se réfugie dans les bras de son tendre époux qui l'enlace.

*

Moins de dix minutes après l'appel de Jack, les secours arrivent. Caroline est placée avec une infinie précaution sur une civière, tandis qu'un médecin lui parle en lui prenant le pouls. Caroline supplie Julie de rester auprès de ses invités, mais la mariée ne veut pas quitter sa mère et l'accompagne en lui tenant la main afin de la rassurer.

Grâce à sa carte d'officier de Police, John John et Jack sont autorisés à monter dans l'ambulance lancée à vive allure, gyrophares allumés et sirènes hurlantes dans les rues de San Francisco, direction UCSF Medical Center.

Caroline est immédiatement prise en charge et placée en soins palliatifs pour soulager sa douleur, pendant que son frère effectue les démarches administratives d'admission.

Après plus d'une heure d'attente assis dans le hall d'accueil, à feuilleter des revues de l'année précédente, John John et Jack essaient d'obtenir quelques informations.

Rien, à peine un soupir de lassitude de la part d'une hôtesse qui visiblement guette la fin de son service. Deux heures se sont écoulées lorsqu'une infirmière, plutôt sexy, s'approche.

— Êtes-vous de la famille de Caroline Galveston ?

— Je suis son frère.

— Je suis un ami, enchaîne Jack.

— Madame Galveston souffre terriblement. Nous l'avons placée en unité de soins palliatifs sous morphine. Elle est dans la chambre 66 au 1er étage, mais vous ne pouvez pas entrer.

— Quand pourrons-nous lui parler ? demande John John visiblement très remonté.

— Nous vous contacterons, répond sèchement l'infirmière.

Une main posée sur l'épaule de John John, Jack le pousse vers la sortie où l'attend Maryline.

En roulant pour rejoindre ce qui reste du mariage de sa nièce, John John lui téléphone pour la rassurer sur l'état de santé de sa mère. Marilyne le regarde à peine tandis que Jack fixe les moindres mouvements de lèvres.

— Julie s'en veut terriblement de ne pas être venue avec nous, elle dissimule son inquiétude, mais elle connaît la vérité, lance-t-il.

— Elle devait s'occuper de ses invités, répond Jack d'un air soucieux.

*

Seule dans sa chambre, Caroline le corps démoli, ressemble à un astronaute avec toutes ces aiguilles et tuyaux traversant sa chair malade en fin de vie. Puis tout à coup, son visage s'illumine.

— C'est toi ? C'est toi papa ? demande-t-elle les yeux fermés.

— Rappelle-toi mes paroles : écoute les âmes de l'univers.

— Dépêche-toi de venir me chercher Papa, je t'en prie.

*

En arrivant au St Régis, Jack, John John et sa jeune et jolie blonde platine constatent que le parking est quasiment vide.

Plus aucune voiture ornée de voiles blancs noués à la portière et sur l'antenne. La plupart des invités sont partis.

Pour Julie et Aslinn, ce qui devait être le plus beau jour de leur vie prend l'allure d'une tragédie grecque. Chacun de leur côté, seuls dans la salle, ils ramassent ce qui deviendra avec le temps, beaucoup de temps, des souvenirs : le bouquet de fleurs blanches, le menu du repas, les figurines humoristiques placées au-dessus du gâteau de mariage, les bouchons de champagne français.

Soudainement, Julie en proie à une violente crise de larmes impossible à contenir plus longtemps, commence nerveusement à déchirer sa robe de dentelle irlandaise. Aslinn l'entoure de ses bras, dépose un long et tendre baiser à la naissance de son décolleté, mieux qu'un Lexomil, avant de lui murmurer à l'oreille :

— Sympa ma princesse ton strip-tease... et si affinité, tu me réserves le lancer d'escarpins ?

— Mais t'es incroyable toi ! Tu ne penses qu'à ça ? répond-elle en séchant ses larmes avec un morceau de dentelle, esquissant un léger sourire malicieux.

— N'oublie pas, je suis irlandais. Et lorsqu'un Irlandais ne se bagarre pas, il fait l'amour.

— Oui mon fou d'irlandais, alors emmène-moi vite loin d'ici.

— Le carrosse de ma princesse est avancé.

John John et Jack les observent.

— J'ai un mauvais pressentiment. Je reste quelques instants avec les jeunes mariés et je retourne au chevet de ma sœur et personne ne m'en empêchera.

— Je peux t'accompagner si tu veux, on veillera à tour de rôle, répond Jack.

— Je te remercie. T'as déjà beaucoup donné et puis, c'est à moi de prendre soin de Caroline.

Apercevant Maryline et sa chevelure platine seule sur une chaise, plus absorbée par son portable que par l'inquiétude qu'il ne peut dissimuler, John John lui demande de rentrer sur Los Angeles. Sans même le regarder, elle téléphone pour réserver un taxi, direction l'aéroport, puis lui lance :

— C'est toujours comme ça les noces dans ta famille ?

Il préfère ne pas répondre et rejoindre Julie fagotée comme pour une soirée Halloween avec sa robe de dentelle en lambeaux.

— Je retourne voir ta maman, ne t'inquiète pas, dans quelques mois, vous sourirez de votre mariage. Rentrez et profitez-en tous les deux. On s'occupe de tout avec Jack.

— Merci mon oncle, t'es un ange, répond Julie les yeux pétillants, encore sous l'effet du Lexomil, version Aslinn.

— Il a raison ! Allez les mariés au lit ! surenchérit Jack en adressant un clin d'œil discret vers Aslinn.

Avant de quitter le St Régis, John John fait signe à Jack qu'il lui téléphonera, puis il sort à la recherche d'un taxi coloré, direction UCSF Medical Center.

Jack était venu au mariage avec la ferme intention de ne pas quitter Caroline ni des yeux ni d'une semelle, mais il râle intérieurement lorsqu'il comprend qu'il s'est fait piéger.

C'est raté ! pense-t-il, on ne gagne pas à tous les coups !

13.

...La Mort, c'est l'infini dans son éternité...

Jean-Roger Caussimon

En..lève, coupe... la perfusion frérot, enlève l'aiguille, l'enquêteur est là, c'est papa !

En entendant sa sœur Caroline divaguer, il quitte brusquement le film de ses souvenirs et se penche avec une infinie précaution au-dessus du lit. Il s'approche du visage de sa sœur quand, soudain, ses yeux perçoivent distinctement les contours d'un hologramme aux formes étrangement mouvantes et imparfaites, mais d'une luminosité éclatante. Sa teinte bleutée illumine la pièce.

—Retire la perf. Dé... branche... défait la boucle de sécurité... Je suis ton père. Caroline pourra alors poursuivre son voyage cosmique dans un univers différent où l'amour domine sans aucune souffrance. Le bonheur est le chemin, pas la ligne d'arrivée ! Il n'est pas loin, il se trouve là, juste de l'autre côté.

— C'est quoi encore ces conneries ! C'est toi papa ? Mais tu es mort !

— Tu es mon seul espoir ! Je t'en supplie, frérot, si tu m'aimes, accorde-moi ce privilège. Débranche-moi… moi aussi je vous aime… Papa avait promis que l'on se retrouverait.

— On t'aime Caroline, répond John John les larmes aux yeux.

Il vient de comprendre.

Dans un éclair de lucidité, Caroline s'adresse à son frère.

— Prends… prends ma… montre. C'est celle de papa, elle est à… toi maintenant et écoute l'univers… Je serai toujours là pour toi. Je t'enverrai des signes que toi seul pourras décoder. Je te dirai comment faire, comme papa m'a appris. Je devais te dire cela, c'est pourquoi je t'ai attendu avant de partir…

— Je t'aime Caroline.

— Ne pleure pas mon frère. Je pars là où brille la lumière. *Je reviens vers toi papa, ouvre tes bras.*

John John place machinalement l'Apple Watch dans sa poche et s'assied dans le fauteuil en face de son lit. Il fixe longuement sa sœur et laisse s'agiter les ailes du passé et affluer le souvenir des paroles lointaines qu'elle lui avait confiées au début de sa maladie : *quand les effets de la morphine ne suffisent plus pour soulager un corps qui n'est devenu que douleur - quand ce jour viendra - pense alors à ta petite sœur. Laisse-moi partir paisiblement. N'attends pas les soubresauts de la fin.*

Après d'interminables minutes de conversation avec sa conscience, les yeux humides, il détourne son regard vers la boucle de sécurité de l'hydratation sous-cutanée.

Son regard se pose une ultime fois sur le visage de Caroline, étendue sous un drap blanc, les courbes de son corps amaigri, éclairées dans un halo d'une étrange lueur bleutée : celle de l'hologramme de son père qui l'enveloppe. John John en larmes se lève et se dirige d'un pas hésitant vers la boucle de sécurité. Alors qu'il s'apprête à réaliser le geste fatal, la porte de la chambre s'ouvre, le faisant sursauter. Jack le fixe sans dire le moindre mot.

John John soutient son regard quelques instants, la main prostrée sur la boucle, tentant de refouler le rideau de larmes qui obstruent peu à peu sa vision.

— Je ne peux pas faire ça, dit-il en retournant s'asseoir sur le lit reprendre dans les siennes la main de Caroline.

Jack a compris. Sans même le regarder, il se dirige vers l'attache qu'il défait, dépourvu de la moindre hésitation, une force mystérieuse venant du fond de l'univers guide sa main.

Il y a un moment où les mots s'usent. Et le silence commence à raconter. Tous les deux se dévisagent, juste un simple hochement de la tête de la part de Jack qui semble vouloir signifier *c'est fini, elle va enfin être heureuse.* Il quitte la chambre laissant seul John John accompagner sa sœur au bout du chemin en lui tenant la main. Un étrange sentiment l'envahit, comme un doux mélange de tristesse et de joie. *Tac, le temps est passé !*

*

Soudain l'Apple Watch se met à vibrer bruyamment. Machinalement John John la sort de sa poche : elle clignote en affichant le message *Time done.* Il fixe le cadran dont les chiffres décroissent à compter de 0, -1, -2, -3,… puis la range dans sa poche, sans le moindre étonnement perceptible. Désormais il sait, comme ont su son père et sa sœur. Chez les Carlson, John, Caroline et son frère étaient reliés par l'horloge du temps terrien. Ce temps inscrit en chacun de nous lors de la fécondation, la première cellule de l'embryon.

En un instant la chambre s'éclaire. John John aperçoit l'hologramme d'une femme à la longue chevelure blonde et à la bouille de chat ainsi que celui de son père, tous deux composés d'un millier de faisceaux d'une lumière douce et irisée, un mélange entre du beige crème, du rose pâle et du turquoise très pâle.

Le temps semble suspendu, John John demeure figé, hypnotisé devant ce spectacle féérique. Il s'émerveille de voir Caroline le regard dans le vide, lâcher prise et se transformer peu à peu en une image blanche flottant dans l'air. Il sait qu'elle ne voit plus rien, mais le toucher et l'ouïe sont encore sensibles. Il lui glisse à l'oreille : *bon voyage petite sœur.*

Caroline vient de rendre son dernier souffle terrestre et pourtant, le cœur de John John est rempli de joie lorsqu'il distingue son père pointer l'index de sa main droite vers sa sœur qui prend à son tour une forme évanescente, illuminée par des milliers de vaisseaux véhiculant la lumière. Elle effleure alors l'index de son père et la magie s'opère, les deux âmes communiquent par une énergie pure. Seuls les privilégiés qui possèdent cette vivacité poursuivent leur voyage vers un univers parallèle où règne l'amour fusionnel, celui de la fusion des énergies.

Aucune tristesse dans les yeux lorsque John John perçoit les trois hologrammes bleus lui adresser un long signe de la main avant d'emprunter un rai de lumière multicolore et de disparaître définitivement, restituant la pénombre habituelle de la chambre.

Soudain, une forme noire tapie à proximité du lit se dirige vers lui, dévoilant au fur et à mesure son aspect.

Elle ressemble à un chien avec une queue et des cornes, des oreilles pointues, de grandes dents et des yeux vicieux. Pris d'effroi, il recule se retrouvant dos au mur de la chambre.

Brusquement, l'infirmière franchit la porte de la chambre tel un ouragan. L'hologramme noir se volatilise, laissant John John tremblant comme une feuille d'arbre sous l'effet d'une bourrasque.

Elle comprend immédiatement que quelque chose de fatal vient de se produire. Elle regarde Caroline, lui prend le pouls.

— C'est la fin du voyage de votre sœur sur terre, Docteur... je ne m'y habituerai jamais. Et mes larmes vont de nouveau couler lorsque je me retrouverai seule chez moi. Mais cela personne ne le saura, sauf votre sœur qui m'enverra un signe pour me dire, *ne pleurez pas ! Je suis heureuse.*

— Ma petite sœur , n'est pas morte puisqu'elle vivra dans mon cœur jusqu'au jour de mon départ où je la rejoindrai répond John John, assis sur le fauteuil en face du lit, encore sous l'effet du choc de cette ombre noire. *La mort est le seul événement inévitable de la vie. Préparez-vous à mourir avant de vous préparer à vivre. Pensez à ceux qui restent après votre départ.* Savez-vous quel est le lit le plus cher du monde ? Le lit d'hôpital ! Si vous avez de l'argent, vous pouvez engager quelqu'un pour faire vos courses, conduire votre voiture et d'autres choses encore, mais vous ne trouverez personne pour prendre votre place dans ce lit. Et savez-vous quelles sont les personnes les plus importantes à l'hôpital ? Les « blouses blanches », car elles continueront à vous soutenir et vous accompagner chaque jour en conservant leur sourire, malgré leurs pleurs dissimulés seules dans les douches où à leur domicile après une longue et éreintante journée ou nuit de travail. Les choses matérielles perdues peuvent se retrouver. Mais il y a une chose que vous ne pouvez jamais retrouver, c'est la vie.

L'infirmière le regarde avec les yeux du souvenir, teintés de gratitude et lui avoue son secret :

— J'ai connu votre père.

— Quoi ? Mon père est mort il y a longtemps.

— Je sais... Docteur.

— Mais comment est-ce possible ?

— J'ai mis un nom sur ce que j'ai longtemps considéré comme un don tombé du ciel. J'ai découvert à ma majorité que votre père était un généreux donateur. C'est grâce à l'assurance qu'il a léguée à ma mère que j'ai pu entreprendre des études d'infirmière.

Mais le moment est mal choisi pour évoquer tout cela ; je vous laisse, si vous le voulez bien, nous en reparlerons plus tard.

La lumière chercherait-elle à se mêler à l'obscurité ? Seuls les voyants verts du monitoring cardiaque dessinent inexorablement une ligne d'une rectitude parfaite. Un sourire d'une infinie tendresse accompagne les dernières paroles qu'il murmure à l'oreille de sa sœur avant de lui abaisser les paupières.

— Bon voyage avec papa frangine et n'oublie pas de venir me chercher lorsqu'il ne me restera plus que vingt-quatre heures à vivre sur terre. *Chante-moi le ciel, je t'écouterai chaque soir.*

*

Après avoir rempli les formalités administratives, John John quitte l'UCSF Medical Center, emprunte Parnassus Avenue, marchant sans véritablement savoir où il va. Soudain, un taxi se range à quelques pas devant lui ; Élisabeth en descend et se jette dans ses bras en pleurs.

— Pardon ! Pardon !

— Caroline a rejoint papa.

— Je l'ai senti... Tu étais près d'elle ? demande sa mère un torrent de larmes déferlant le long de ses joues.

— Oui...

— A-t-elle souffert ?

— Tu veux savoir si elle a souffert ? Parfois elle me téléphonait en pleine nuit en pleurs, pour me crier qu'elle brûlait de l'intérieur à petit feu. Et tu me demandes si elle a souffert ! Elle a accepté sans se plaindre, plus qu'un être humain puisse supporter. Elle a tenu le coup pour Julie et elle espérait... Laisse tomber je n'ai pas envie d'en parler.

— Dis-moi, je t'en prie.

— Laisse tomber.

— Ne me laisse pas ainsi.

John John s'arrête brusquement de marcher et la fixe.

— Elle espérait un mot, un « je t'aime » de toi !

— Tu étais avec elle... à la fin ? Dis-moi comment est-elle morte ? demande Élisabeth au bord de l'évanouissement.

— Nous sommes capables d'envoyer un homme marcher sur la lune et le ramener en toute sécurité, mais nous sommes démunis devant la mort. On la découvre tout seul, on est et on sera toujours seul face à la mort, quel que soit son âge.

On ne nous apprend jamais à mourir. Jamais ! Je t'en foutrais moi d'un petit pas pour un homme et d'un pas de géant pour l'humanité. Tu veux savoir comment elle est morte, je vais te dire comment elle a vécu ! Mais en attendant, sache qu'elle a rejoint un autre monde où il n'y a aucune place pour la souffrance. Je suis apaisé que papa soit venu la chercher pour l'accompagner.

— Comment ça la chercher ? interroge-t-elle en séchant ses larmes, comme une enfant, d'un revers de manche.

— La mort est le déni d'un événement naturel et inévitable. Il y a quelques années, je perdais mon père, aujourd'hui j'ai perdu ma petite sœur, mais j'ai la réponse à la question que nous nous posons tous. Existe-t-il une autre vie après la mort ? Nous vivons tous sur terre, mais seuls les privilégiés rejoindront les étoiles pour briller éternellement dans l'univers. Ceux qui ont su se racheter, qui ont souffert en continuant à s'aimer et à aimer l'autre, ceux qui ont donné sans rien attendre en retour. Il n'y a aucune religion dans cela, ou plutôt si, toutes celles qui parlent d'Amour dans sa forme la plus pure. La nuit est parsemée d'étoiles et lorsque tu verras une étoile filante déchirer l'obscurité, changeant la nuit en jour, fais un vœu et pense à elle.

Élisabeth le regarde sans rien dire, laissant couler silencieusement le long de son visage les larmes de l'amertume. Autant de cris muets qui s'échappent et se transforment en une avalanche de mots qu'elle n'a pas su prononcer, de toutes les choses qu'elle n'a pas accomplies. Des actes manqués d'amour qui déchirent son cœur asséché par des années de rancœur se superposent à des fragments de sa vie et défilent devant ses yeux, telles des diapositives jaunies. Elle se remémore son enfance à la périphérie pauvre de L.A. puis sa rencontre totalement improbable avec John qui terminait ses études de chirurgien. Brûlée au visage après un terrible accident domestique, elle portait de vilaines lésions et de multiples cicatrices qui lui valaient les railleries et les moqueries de son voisinage. Elle vivait avec ce traumatisme douloureux, refusant d'apercevoir le reflet de son visage déformé et meurtri dans le miroir.

C'est ainsi que John lui proposa de servir de cobaye, elle fut sa toute première patiente. Quelques années plus tard, elle devint mannequin et connut la célébrité. Elle se souvient par ailleurs, quelques heures avant la naissance de Caroline, alors qu'elle était déjà à la clinique, d'un étrange cauchemar qui vint la perturber : dans des circonstances diffuses et imprécises, elle avait vu sa fille avec des béquilles.

— C'est quoi ce *Tic-tac - Tic-tac ?* demande-t-elle.

— *Aujourd'hui est le premier jour du reste de ta vie*.

— Ma vie m'a appris aujourd'hui qu'on ne vit qu'une seule fois.

— Faux ! Nous vivons tous les jours et nous ne mourons qu'une seule fois. La vie a de nombreux chapitres, maman. Un mauvais chapitre ne signifie pas que c'est la fin du livre.

John John avait reconstitué le puzzle familial. Lorsque son père mit à son poignet l'Apple Watch envoyée par Charles, il obtint son billet d'entrée pour le SAS, déclenchant ainsi son décompte temporel pour se racheter. Lorsque John remit la montre à Caroline au *Viper Room*, il en fit de même.

John John sait désormais ce qu'il lui reste à faire.

Tic, le temps passe.

Pour certains, l'horloge est un concept développé pour appréhender les changements du monde où pourtant les pendules ne sonnent pas toutes à la même heure ! D'autres pensent que *nous sommes tous connectés à une montre reliée à un sablier qui se vide,* mais pour les privilégiés, les lois de l'univers offrent l'opportunité de poursuivre leur voyage vers d'autres mondes. Il sort de sa poche de pantalon l'Apple Watch et regarde sa mère.

— Caroline aurait aimé que je te la donne. Tiens, elle est pour toi maman.

— Non, je n'en veux pas.

— C'était sa dernière volonté, elle me l'a murmuré à l'oreille.

— Je regrette toutes ces années perdues.

— *Dans la vie, il n'y a pas de regrets, que des leçons.*

John John attache la montre du rachat au poignet de sa mère. Il connaît son enfance malheureuse et cet accident qui l'avait défigurée. Ainsi, était-elle devenue la création de John : sa chose ! Elle ne pouvait que lui en vouloir, chercher à lui échapper en trouvant refuge dans l'illusoire apparence du masque qu'elle portait.

Le regard des autres était à la fois son bonheur, mais aussi sa grande souffrance. Son père la chérissait profondément les premières années de leur vie commune, comme peut chérir un homme que ses démons tourmentent. Puis le temps, encore lui, a fait ses ravages dans leur relation conjugale.

— J'ai compris le message que porte cette montre. Je vais bientôt quitter ce monde c'est ça ? demande Élisabeth en fixant John John droit dans les yeux.

— Pas encore ! Non ! Pas encore Mam.

— Pas encore… murmure-t-elle le regard lointain.

— Mam, fais de chaque jour qui passe quelque chose d'extraordinaire. Et écoute les signes de l'univers. La mort n'est pas la fin, on ne peut pas détruire l'énergie, au pire des cas juste l'enfermer dans un trou noir. Ouvre les yeux, écoute les messages de l'au-delà. Pose ta main sur ton cœur, Caroline et John seront là.

— Comment reconnaîtrai-je ces signes ?

John John la regarde avec un léger sourire, il se souvient qu'il avait posé la même question. *Comment saurai-je que c'est toi papa ?*

— Caroline viendra vers toi de différentes manières pour te dire que tout va bien et qu'elle est heureuse. Elle pourra par exemple déplacer un objet que tu aimais, jouer avec l'électricité en faisant clignoter les lampes, faire apparaître sur un panneau lumineux des chiffres miroir comme 11 : 11, 22 : 22 ou 55 : 55, te faire écouter une chanson au bon moment, t'envoyer une odeur particulière que toi seule connais.

— Et comment pourrai-je lui répondre ?

— Simplement en lui disant *Je t'aime !*

— J'ai toujours su qu'un jour je prendrai la route du cœur, mais je ne savais pas hier que ce serait aujourd'hui.

— *Les bonnes décisions viennent du cœur, non de la tête...* situé à seulement quarante centimètres l'un de l'autre !

— Je vais m'occuper des autres, peut-être pourrais-je me racheter de l'échec de ma vie.

— Mam, les échecs sont bénéfiques. Ils enchantent notre âme. Nous apprenons plus d'un échec que d'une réussite. Si ton âme pouvait te parler, elle te dirait que tes échecs ne sont que des problèmes d'égo. Quant à vouloir t'occuper des autres, sache que tu ne peux donner le sourire à tout le monde. Tu devras choisir qui tu pourras rendre heureux et qui tu décevras. Plaire à tous est un exploit impossible, sauf à vouloir perdre son âme.

La montre symbolise à la fois ce temps humain, mais également celui de l'emboîtement spatio-temporel avec ceux qui s'aiment vraiment. Et pour John John, il n'est pas question d'exclure sa mère de l'univers. Il a compris que ce dernier est un gigantesque puzzle dont de nombreuses pièces sont manquantes : celles des âmes dévorées par un trou noir.

*

Dans le vol de nuit qui le ramène à L.A, Jack admire par le hublot les centaines de lignes lumineuses qui se croisent et quadrillent San Francisco. La ville ressemble à une grille transpercée de lumière. Il repense à son ami John et à la profonde amitié qui les unissait, tout en méditant sur une pensée de Pascal : *L'univers est un cercle, dont le centre est partout et la circonférence nulle part*.

Ballotté par les forces irrépressibles de la nature, confronté à l'impitoyable ou livré à une inéluctable soumission, jonglant dans un labyrinthe piégé ou encore victime de son architecture génétique, de sa géographie et de son époque - bref, de ce qu'il est communément convenu d'appeler la destinée – l'homme pensant, rêve de se racheter lorsqu'il perçoit l'ultime moment de sa sortie de scène !

Conscience, philosophie, spiritualité, qu'importent les équivalences linguistiques ou les circonvolutions intellectuelles. À l'instant suprême, nous sommes dans le supra pour s'affranchir de la pantomime terrestre, se réhabiliter avec une volonté farouche de justice en retrouvant la pureté de l'enfant. Au-delà des bases hédonistes du *Carpe Diem*, surplombe le *Memento Mori* et l'utilité de remonter sa vie à contre-courant, en mettant ses affaires en bon ordre, considérant que la mort sur terre n'est qu'une récession momentanée où quelques éveillés auront le privilège de poursuivre leur voyage dans un autre lieu.

Jack ferme les yeux et s'enfonce dans son siège tandis que le commandant de bord commence son baratin habituel.

Mesdames, Messieurs, bonjour, ici votre commandant de bord. Md. Sullivan. Bienvenue à bord du vol Delta Air Line DAL666 à destination de L.A. Au moment où je vous parle, notre vitesse de croisière est de 666 kms/h. Beau temps sur le trajet avec quelques turbulences prévues en approche. À l'arrivée grand soleil avec une température de 66 degrés Fahrenheit, soit environ 19 degrés Celsius. Notre temps de vol sera aujourd'hui 6 juin de....

Le commandant de bord n'a pas le temps de terminer son annonce qu'une brusque secousse fait chuter l'avion d'une vingtaine de mètres en moins d'une seconde.

Le commandant poursuit son annonce en regardant son co-pilote d'un air dubitatif.

— Juste une petite turbulence, rien de méchant. Pour ceux qui sont un peu fâchés avec ce phénomène qu'on appelle improprement les trous d'air, imaginez que l'atmosphère est comme la mer : il y a des vaguelettes, mais invisibles ; exactement comme sur un bateau, on rebondit sur ces vaguelettes et du fait de la vitesse, on est dans la même situation que sur un hors-bord.

Ça donne un côté saccadé au vol ; c'est inconfortable, mais ce n'est absolument pas dangereux.

Soudain, le grognement d'un animal suivi d'un rire sarcastique interpelle Jack :

— Ça donne un côté saccadé au vol. C'est un rigolo le commandant ! J'ai bien tapé au hublot pour rentrer, mais personne ne m'a ouvert la porte. Il a bien fallu que je rentre ! Bon, ça va comme tu veux le flic ? Alors, heureux d'avoir revu ton ami John ? Tu ne trouves pas qu'il scintille un peu ? Que veux-tu, il a toujours voulu éblouir son monde.

Surpris, Jack tend l'oreille tout en regardant son voisin, qui le dévisage à son tour. La voix se fait de nouveau entendre.

— L'âme de Caroline est sauvée, mais... le compte n'y est pas. La seconde loi de l'univers *Pour une âme sauvée, une âme emprisonnée*, n'a pas été respectée. Ton ami John semble l'avoir oublié. Très fâcheuse attitude. Oui, très fâcheuse et totalement irresponsable.

— Mais qui êtes-vous répond Jack ? Provoquant le regard interrogatif de ses voisins de siège.

— Comment pourrais-je dire... On m'appelle le diable, Méphisto, Lucifer et parfois on me désigne par le nombre 666.

— Luci quoi ? Lucifer, ne connais pas ! Rétorque Jack d'un ton moqueur, sous le regard de plus en plus inquiet des passagers qui le regardent.

— Tu joues au petit malin comme ton ami John ! Je vais alors te briefer. *Luxi* signifie la lumière et *Ferre* porter la lumière. Je suis porteur d'une énergie sombre qui te permettra de vivre éternellement, sinon...

— Je vais te la faire courte, enchaîne-t-il. Cette énergie remplit uniformément la totalité de l'univers et contrairement à ce qu'affirma un ébouriffé qui passait son temps à tirer la langue, l'univers n'est pas statique, mais en pleine expansion. Nous sommes en pleine expansion et cela fait bien longtemps que l'équilibre cosmique est rompu. Comme tu aimes les nombres, en voici quelques-uns. L'univers est composé de 68,3% d'énergie sombre, de 26,8% de matière noire, nous, et de 4,9% de matières ordinaires, vous. Comme tu ne m'as pas l'air doué en calcul, je vais le faire pour toi : c'est un rapport de 5,5 pour 1. Ou si tu préfères, 5,5 âmes noires pour une âme blanche. Ce qui ne nous empêche nullement de continuer à ratisser large. Ainsi, il me manque exactement cent quatre-vingt-sept âmes. Et tu ne vas pas le croire, c'est précisément le nombre de passagers de cet avion, membres d'équipage compris, et je me moque de savoir si les âmes sont noires ou blanches.

Je prends le tout ! Le deal est simple : tu me prêtes allégeance ou ce tas de plastique volant a peu de chance de se poser à Los Angeles. Nous contrôlons tout, Jack !

— T'es sûr de tes chiffres Pythagore ? Ce n'est pas 4,912345678 % de matières ordinaires ? Et vous contrôlez que dalle !

— *Le diable se niche dans les détails !* Mon pauvre Jack... laisse-moi te raconter une histoire d'avions. New York City s'écrit en 11 lettres comme Afghanistan ; Ramsin Yuseb (le terroriste qui a menacé de détruire les tours jumelles en 1993) a aussi 11 lettres ; George W. Bush a 11 lettres. Tu me suis jusque-là ? Je continue alors. New York est le 11e état des États-Unis. Le premier avion qui s'écrasa contre les tours du Wall Trade Center était le vol 11 ; ce vol comportait 92 passagers : 9 + 2 = 11 ; Le vol 77 qui a également frappé le WTC avait 65 passagers à bord : 6 + 5 = 11 ; Le nombre total de passagers des avions détournés était 254 : 2 + 5 + 4 = 11 ; Ceci a eu lieu le 11 septembre, ou 9/11 : 9 + 1 + 1 = 11 ; Le 11 septembre est le 254e jour de l'année civile soit : 2 + 5 + 4 = 11 ; Le symbole le plus connu dans ton pays, après le *Stars and Stripes,* est l'aigle. Le verset suivant est tiré du Coran, le livre saint islamique : « Car il est écrit que le fils d'Arabie réveillera un aigle redoutable. La colère de l'Aigle se ferait sentir à travers les terres d'Allah... ».

Ce verset est le numéro 9.11 du Coran, et si tu fais la somme de 1 à 11 tu obtiens... 66 et moi les 6, j'adore !

— *Je m'en tamponne l'oreille avec une babouche* de ton « 11 », et puis je n'ai jamais aimé Bush, il n'a pas la stature d'un Kennedy. Lui au moins il a su gérer la crise de Cuba lorsque tonton Khrouchtchev a commencé à installer des missiles nucléaires sur le « Crocodile » (surnom de l'île de Cuba).

— Mon pauvre Jack, j'ai des interrogations sur toi. Tu es sûr que c'était Kennedy qui a géré cette crise ? Moi, je crois plutôt que c'était Lincoln. Tu n'es vraiment pas une bête en histoire, raille-t-il. Tu te trompes juste d'un siècle. Je vais encore te la faire courte Jack. Écoute bien. Les noms de Kennedy et Lincoln s'écrivent en 7 lettres. Lincoln fut nommé président en 1860 et Kennedy en... 1960. Leurs épouses perdirent un enfant alors que le couple présidentiel était à la Maison Blanche. Ils furent tous les deux assassinés un vendredi, chacun d'une balle dans la tête en présence de leurs femmes. Les successeurs de Lincoln et Kennedy s'appelaient Andrew Johnson et Lyndon Johnson, l'un est né en 1808, l'autre en... 1908.

— Ce ne sont que des coïncidences, rien de plus, répond Jack le sourire en coin.

— Des coïncidences ? Dieu ne joue pas au dès... moi oui ! Tu connais Adolf ?

— Connais pas ! Et je m'en tape !

— Ah Jack, la vérité n'est pas celle que tu as pu lire dans les livres d'histoire, où est écrit uniquement ce que les gens comme toi aiment lire. Je vais raconter la véritable histoire de l'un de mes fidèles lieutenants, un dénommé Adolf Hitler.

— Rien à foutre, il est mort et il y a longtemps.

— Pas si longtemps que ça Jack. Contrairement à ce qui est écrit dans les livres, il ne s'est jamais suicidé. Il a même bien vécu et eu un fils.

— Ah oui ? Et ma mère est la reine d'Angleterre et elle adore jouer au football !

— Tu veux de preuves ? Tiens lis ce microfilm – c'est une copie d'un original, certes un peu jaunie avec le temps, mais suffisamment lisible pour toi.

— Le document mentionne en bas de page, une photo. Ell est où ?

— Ah Jack ! Flic toujours. La voici.

— Et comment il a pu se retrouver en Argentine ?

— Bonne question le flic ! Lui, Éva Braun et quelques tonnes d'or ont débarqué en Argentine d'un sous-marin. Le patron du FBI a été informé et la chasse a commencé. Mais ceci est une autre histoire Jack. Je te répète, nous contrôlons tout : le Congrès, la Cour Suprême de Justice, les Forces Armées, les Autorités Fédérales. Vous êtes notre terrain de jeux. À propos de jeux, nous maîtrisons même Walt Disney, et nous l'affichons à la vue de tous. Notre marque « 666 » est inscrite dans leur logo, mais vous êtes tellement aveuglés par la lumière du cosmos que vous ne voyez rien. Mais rassure-toi, tu goûteras bientôt à la saveur piquante de l'obscurité. Jack, le passé, le présent et le futur sont le cadre dans lequel un être humain comprend le monde. Les causes créent l'avenir, allant du passé au futur. Le passé ne peut pas changer, tandis que l'avenir est variable parce que nous pouvons créer d'autres causes dans le présent qui l'influencent. Les trois temps existent inséparablement dans l'espace. Sais-tu que ta vieille terre est depuis 1999 sous l'influence du cosmos et que si tu opères une rotation à 180° du nombre 999, tu obtiens 666 ? Le temps est directement proportionnel à la densité de la matière. En d'autres termes, plus la matière est atténuée et plus ses vibrations sont élevées, plus la notion de temps devient floue.

Selon l'un de vos prophètes Mahomet *« Un an sera comme un mois, et un mois sera comme une semaine »*. Comment s'y retrouver dans cet espace-temps ?

Vous qui avez toujours été bercés par les jours, les semaines, les mois, les années ! Et selon le fils du Dieu chrétien, Jésus-Christ *« Les jours raccourciront »* comme signe avant-coureur de sa venue sur terre.

— Tu m'a gonflé avec ton nombre « 11 », as-tu remarqué que « Jesus Christ » compte 11 lettres ?

— As-tu noté Jack que « Adolf Hitler » comporte également 11 lettres ! La dualité du 11 le flic.

Soudain, des bruits bizarres résonnent dans la cabine. L'avion tremble.

— Jack ! Regarde par le hublot.

— Beau ciel étoilé !

Le moteur gauche est en flamme. Les habitués des airs et des mers l'avaient compris rien qu'au bruit.

Des parents ferment les ouvertures par lesquels les enfants voyaient les flammes.

— Tu n'as pas peur le flic ?

— J'en ai vu d'autres, alors va jouer avec tes allumettes.

Une hôtesse, les yeux bouffis, annonce d'une voix tremblante que le pilote faisait ce qu'il pouvait. Des Hurlements, crises de nerfs, crises de tétanie, prières, larmes, envahissent la cabine.

Le second moteur explose et prend feu.

— Deux moteurs en flammes en même temps le flic : simple coïncidence ou un signe ?

— Fais pas ça ! Fais pas ça !

— Le compte n'y est pas le flic, et je n'aime pas me faire gruger...

Tic ... Tac... Tic.. Tac le temps n'existe pas !

*

Cher ami lecteur

Entre tic et tac, que s'est-il passé ?

Tic, Jack en une nanoseconde à tout compris.

Qui était-il vraiment ? Que faisait-il en réalité dans cet avion ? Où allait-il précisément ?

Tout était pardonné.

Il ne faisait déjà plus qu'un avec l'univers.

Tac, il était Amour.

Ou bien Tic.

Par un héroïque réflexe, le pilote a réussi à prévenir la tour de contrôle qui l'autorise à vider les réservoirs de kérosène dans la baie de San Francisco.

Retour périlleux sur la piste d'atterrissage, où les accueillent ambulances et pompiers.

Carolus, Charles, erreur de timing ou cela faisait également partie du plan ?

Tac, Jack et ses compagnons sont sains et saufs.

Jack sait qui il est vraiment, et pourquoi il est là.

Mais sera-t-il toujours prêt pour le prochain Tac ?

C'est le voyage de la vie.

Tic le temps passe... Tac le temps est passé. Il s'est écoulé le temps d'un battement de cils dans le timing de l'univers.

Croire en son destin, mais avoir bien conscience que notre vie ne nous appartient pas.

Tout est écrit, il faut savoir lire et comprendre les signes qui nous sont envoyés par un certain Charles ou Carolus... C'est ça tout le mystère de la vie.

Qu'en pensez-vous cher lecteur ?

Printed in Great Britain
by Amazon

42921106R00140